保育内容総論

～生活・遊び・活動を通して
　育ちあう保育を創る～

太田光洋
［編著］

同文書院

執筆者紹介 *authors*

【編著者】

太田光洋（おおた・みつひろ）／第 1 章，第 9 章，第12～14章
長野県立大学教授

【著者】

朝木　徹（あさき・とおる）／第 2 章
精華女子短期大学准教授

野中千都（のなか・ちづ）／第 3 章，第11章
中村学園大学准教授

相浦雅子（あいうら・まさこ）／第 4 章
別府大学短期大学部教授

垂見直樹（たるみ・なおき）／第 5 章
近畿大学九州短期大学准教授

前田有秀（まえだ・ともひで）／第 6 章，第10章
尚絅学院大学准教授

東　義也（ひがし・よしや）／第 7 章
尚絅学院大学教授

清水桂子（しみず・かつらこ）／第 8 章
北翔大学短期大学部准教授

Foreword

編者まえがき

　子どもたちはそれぞれの園の保育を通して学び，さまざまな力を自分のものにしていく。この学びを保証するものが「保育内容」である。保育者養成教育において，保育内容は５つの領域の観点から「乳幼児期の子どもに育ってほしい力（ねらい）」と，そのために必要と考えられる「経験（内容）」が示されている。これら各領域のねらいや内容について学生や保育者が学び，それぞれが保育に生かしていくことが求められるが，その一方で，乳幼児期前半の生活は「生活と遊び」と捉えられるように未分化であり，いわば総合的でもある。したがって，保育者は乳幼児の生活全体のさまざまな場面で，各領域に示されるねらいや内容を意識して保育をすることが求められる。

　たとえば，人の話を進んで聞く力を身につけてほしいと考えていても，皆と一緒に活動している場面で先生や友だちの話を聞くだけでは，こうした力は育たない。自由遊びの中でも，着替えや食事といった生活の場面でも，自分の思いを受けとめてもらう，話を聞いてもらう，保育者や友だちの言葉に耳を傾けることで自信がついたり，遊びが楽しくなったりするといった生活全体の経験を通して，その力を確かなものにしていく。

　こうした観点から本書は，「保育内容総論」で学ぶべき基本的事項を網羅したうえで，次のような特徴を持つものとした。

　一つは，乳幼児の生活を「遊び」「生活」「活動」とその相互性という観点から，総合的な保育のあり方を探ろうとしたことである。特に，幼児期の学習の中心である遊びを通して育つ力と，その後の小学校以降の学びとは，どのようにつながるのかをわかりやすく説明することを心がけた。

　もう一つは，乳幼児理解と保育のあり方を結びつけ，乳幼児期の子どもにふさわしい具体的な遊びや活動，クラス運営によって子どもが育つ保育をどう創っていくかを理解し，広げていけるように，具体的な遊びや活動について演習を通して主体的に学び，理解を深められる内容としたことである。

　本書が，保育についての学びに寄与し，子どもたちの充実した遊びや生活そのものである豊かな保育内容を創造する一助になることを願っている。

　2019年３月

長野県立大学教授　太田光洋

Contents

目次

第1章　保育の基本と保育内容の総合的理解　　1

1　遊びと生活を軸とした保育内容の総合的理解　　2

2　幼稚園，保育所，認定こども園における保育内容　　4

3　保育の総合性と保育内容の理解　　6

4　子どもとその生活の変容と保育内容　　13

第2章　保育の基本と保育のあり方　　15

1　乳幼児期にふさわしい生活　　16

2　遊びを通しての総合的指導の意義と保育　　20

3　一人ひとりの発達に応じた指導　　22

4　保育者の役割　　26

第3章　幼稚園，保育所，幼保連携型認定こども園の保育内容　　31

1　保育内容の変遷　　32

2　幼稚園における保育内容　　34

3　『保育所保育指針』の保育内容　　37

4　幼保連携型認定こども園における保育内容　　42

第4章　保育内容の基本構造　　45

1　保育内容の基本構造　　46

2　幼児期の終わりまでに育ってほしい姿　　52

3　「領域」とは何か　　55

第5章　学びの連続性　　57

1　就学前と小学校とのつながり　　58

2　小学校との接続をめぐる日本の教育・保育政策上の動向　　62

3　円滑な接続のための「連携」　　65

第6章　子ども理解と保育　71

1　子ども理解とは（視点）　72

2　子どもの発達過程と保育　74

3　特別な配慮を必要とする子ども　78

4　子ども理解に基づく総合的な指導（子どもを大切にする保育とは）　80

第7章　子どもにとって遊びとは何か　83

1　遊びの重要性　84

2　遊びの体験における意味の考察　87

3　遊びを生み出す環境と保育者の役割　90

4　まとめ　95

第8章　総合的指導としての保育　97

1　乳幼児の生活と総合的指導　98

2　園全体を通して子どもを育てる　99

3　生活をつくること　103

4　遊びと自己充実　104

5　子どもの育ちと総合的指導　108

第9章　保育の計画と記録　109

1　保育の計画はなぜ必要か　110

2　保育の計画　112

3　保育記録の意義と視点　118

4　保育の評価と改善　119

第10章　子どもの姿を読み取る（事例研究）　129

第11章　乳児期の子どもの遊び，活動と教材研究　137

1　乳児と生活　138
2　乳児期の保育内容　142
3　保育内容から考える乳児の遊び　143

第12章　幼児前期（1〜3歳未満児）の子どもの遊び，活動と教材研究　149

1　幼児前期の発達の特徴　150
2　幼児前期の生活と遊び　151
3　遊びと環境をつくる　155
4　演習　158

第13章　幼児後期の子どもの遊びと生活　159

1　幼児後期の発達の特徴　160
2　幼児後期の生活と遊び　162
3　遊びを通して育つ力　167
4　遊びの環境づくり　168

第14章　模擬保育　173

1　活動の選択と遊びのアイデアづくり　174
2　活動の進め方　178
3　各学年の具体的活動例　178

索引　186

第1章

保育の基本と
保育内容の総合的理解

- 幼児にふさわしい保育内容とはどのようなものか，「遊び」と「生活」の観点から考える。
- 幼稚園，保育所，認定こども園に共通する保育内容と，保育によって育つ力について学ぶ。
- 保育の全体構造を把握した上で，保育に求められる環境と活動を考える。
- 保育が抱える現代的な課題を理解して，どのような配慮が必要かを理解する。

1 遊びと生活を軸とした保育内容の総合的理解

1 保育内容とは何か

　保育内容とは，保育所や幼稚園で行われる乳幼児を対象とする保育・教育の具体的内容のことをいう。つまり，子どもに身につけてほしい，育ってほしいと保育者が願う目標を実現するために経験させる内容である。また，その経験が乳幼児にとってふさわしいものであることが重要であることから，保育内容にはその方法も含まれると考えておくことが必要である。

　日本保育学会の会長であった山下俊郎は，「保育」という言葉は幼児の教育を意味するものであるが，大きい子どもたちを教育する場合とは異なり，この幼い子どもたちを保護し，いたわり，世話をしながら教育の営みをするという点で，方法的意味が加わるものであり，「保護と教育」という意味で「保育」という言葉が使われるようになったと述べている。すなわち，「ただ真向うから教育の内容を，極端な言い方をすればたたきつけるように与えるということを許さない」，別の方法が工夫されなければならないという（山下，1966）。

　それでは，幼稚園や保育所などの施設保育における，幼児にふさわしい保育内容とはどのようなものだろうか。簡潔にいえば，目の前にいる実際の子どもの生活や姿に基づいて，子どもにとって無理なく，自然に取り組むことができ，いつの間にか目指す方向に向けて成長することができる経験や活動と，それを実現する環境や支援といえる。

　これらのことについて少し詳しく考えてみよう。

（1）　現実に目の前にいる子どもの生活や姿に基づくこと

　教育にはどのような子どもに育ってほしいかという願いや目標がある。年齢や発達に応じて，どの子にも共通に身につけてほしい能力や姿もある。これらを見通しておくことはいうまでもなく大切である。しかし，それを実現するためのプロセスは，一人ひとりの子どもの現在の姿から考え，進めていく必要があり，個々の子どもの生活環境や経験，性格などの個人差について考え合わせることを忘れてはならない。

（2）　子どもにとって無理なく，自然に取り組むことができること，いつの間にか目指す方向に向けて成長することができる経験や活動が環境や保育者の支援を軸に計画・実践されること

　「子どもにとって無理なく，自然に」ということは，子どもができるようになるのを待つ消極的な教育を意味するわけではない。むしろ，乳幼児の特性をふまえて，「成長したい」という子ども自身の育ちの欲求を実現する積極的な教育を

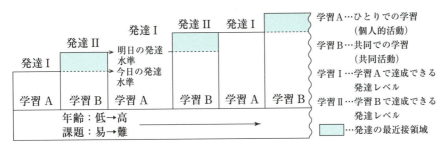

図1−1　発達の最近接領域＊（野呂，1989）

＊野呂正『発達段階の心理学』放送大学教育振興会，1989より

意味する。

　乳幼児の特性として配慮しなければならないことは，大きく2点あると考えられる。一つは，乳幼児は人に合わせることが苦手である一方，興味や関心のあるものに対しては主体的・能動的に関わろうとする特性を持っていること。そしてもう一つは，おとなや友だちなど人との関係を通して様々なことを学び，身につけていくということである。

（3） 望ましい方向に成長することができる経験や活動としての遊びと生活

　乳幼児期の子どもがもつこうした特性をふまえ，いつの間にか乳幼児の様々な能力を目指す方向に向けて伸ばす活動が「生活」の中にあり，「遊び」であるといえる。ヴィゴツキー＊＊は，乳児期（0〜1歳半）の発達を主導する活動（発達の主導的活動）を「おとなとの直接的，情緒的な交流」，幼児期前期（1歳半〜3歳）の主導的活動を「対象的ー操作的行為（ものの適切な使い方）」，幼児期後期（3〜6歳）の主導的活動を「役割遊び（ごっこ遊び）」であると指摘している。それぞれの時期の発達の主導的活動は，続く発達段階の土台となり，連続性を持っている。

＊＊レフ・ヴィゴツキー（1896-1934）：20世紀初頭に活躍した旧ソビエト連邦の心理学者。「発達の最近接領域」のほか，「活動理論」「状況的認知」などの概念を発表した。

表1−1　発達の主導的活動

発達の段階	おおよその年齢	発達の主導的活動
新生児期	〜生後1ヶ月頃	反射
乳児	〜1歳6ヶ月頃	おとなとの直接的・感情的な交流
幼児前期	〜3歳頃	対象的ー操作的活動（物の扱いや操作）
幼児後期	〜小学校就学前	役割遊び（ごっこ遊び）
学童期	〜12歳頃	系統的学習
青年期	〜就職，結婚の頃まで	親密な他者との人格的交流
壮年期	就職，結婚以降	仕事・子育てなど

乳幼児期における生活は，おとなとの信頼関係を土台として，主に「基本的生活（食事や睡眠等）」と「遊び」とで成り立っており，乳幼児はこれらを通して成長，発達するということができる。「生活」は現実に適応するために必要な目的をもった活動であり，「遊び」は，それ自体が目的となる活動である。

　たとえば食事のとき，スプーンでテーブルを叩く乳児の行動を「生活」か「遊び」のいずれかに分類することが難しいように，「生活」と「遊び」の境界は，年齢が低いほど曖昧である。しかし，乳児期の母親と乳児の交流自体が遊びとして展開すること，幼児前期の遊びが道具を使った機能的な遊びが多いことを考えると，遊びがもつ心理的特性こそ，乳幼児の主体的な活動の基盤になっていると考えられる。その意味で，乳幼児は遊びを通して学ぶということができ，楽しく，自分から進んで取り組もうとする遊びの特性が保育内容・方法として尊重されることが重要といえる。

2　幼稚園，保育所，認定こども園における保育内容

　それでは，幼稚園や保育所，幼保連携型認定こども園等における保育内容はどのように位置づけられているのだろうか。

■1　「幼児教育」として共通する保育内容

　2017（平成29）年に，『幼稚園教育要領』，『保育所保育指針』，『幼保連携型認定こども園教育保育要領』が同時に改訂（改定）され，これらの保育・教育施設に通うすべての子どもに共通する質の高い幼児教育を保証しようとすることとなった。3つの施設で共通する保育内容を「幼児教育」として位置づけることとなったのである。これによって，幼稚園，保育所，こども園の3歳以上児の保育の5領域に示される保育内容は共通するものとなった。保育内容5領域は，これまでも幼稚園と保育所でその内容の共通化が図られてきたが，これらの領域に示される幼児期に経験してほしい事柄が明確に整理されたこととあわせて，幼児期の前後にあたる乳児期から幼児前期（3歳未満児），学童期（小学校期）との保育内容，教育内容や学びのつながりがより意識されるものになっている。

　また，保育内容はその方法と密接な関係を持っているが，幼児期は主に遊びを通して身近な環境（人・もの・こと）への主体的な関わりを通して学び，成長していく。そのため，子どもは，保育者の仲立ちを通して様々な「人，もの，こと」に出会うが，さらに学びを深めるためには子ども自身の動機や関心の深まりに支えられることが求められる。その意味で，子どもの経験（保育内容）は，一律で一定の活動内容や方法だけでなく，それぞれの子どもなりの学びの態様に応

1 章　保育の基本と保育内容の総合的理解

じて，保育者がその環境や関わりを工夫していくことが求められる。

② 保育内容を通して育つ力

（1）資質・能力の3つの柱

　保育や教育は，特定の時期の子どもの成長や発達だけでなく，生涯にわたる一人の人間としての成長を目指している。そのため，乳幼児期にふさわしい環境による保育を通して，幼児期にどんな力が育つのか，そしてそれはその後の成長にどうつながっていくのかという見通しをもったものである必要がある。こうした観点から，示されているのが「資質・能力の3つの柱」である。

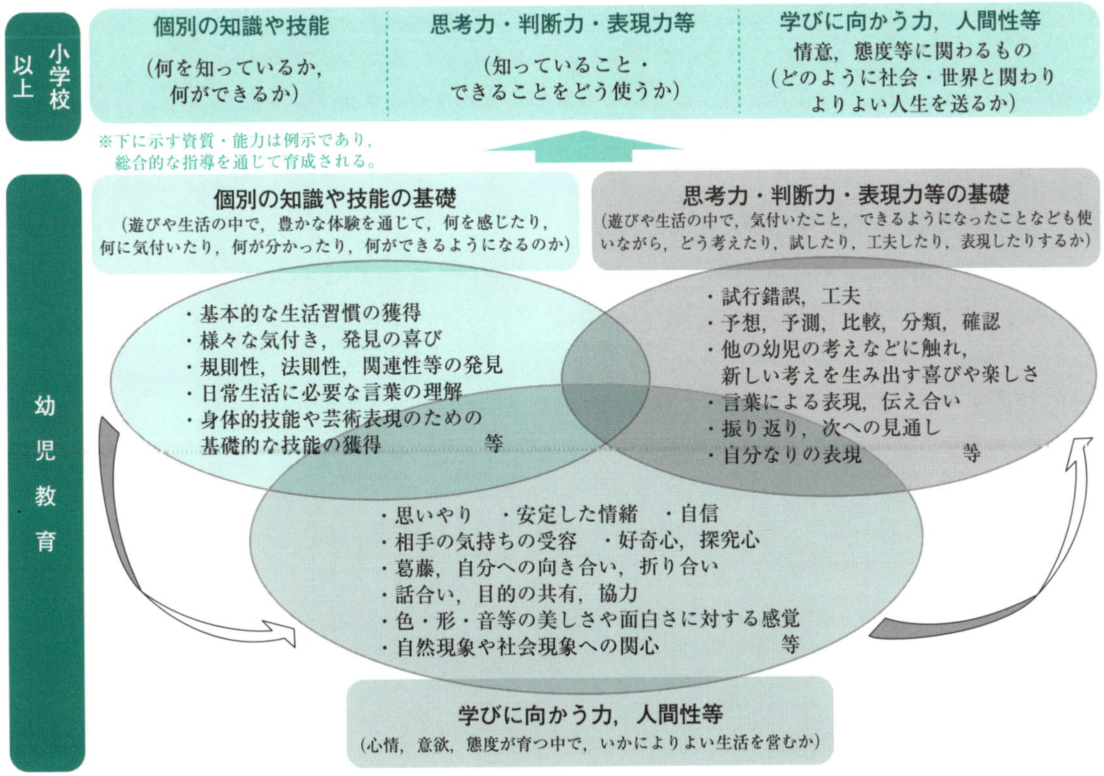

小学校以上	個別の知識や技能 （何を知っているか， 何ができるか）	思考力・判断力・表現力等 （知っていること・ できることをどう使うか）	学びに向かう力，人間性等 情意，態度等に関わるもの （どのように社会・世界と関わり よりよい人生を送るか）

※下に示す資質・能力は例示であり，
　総合的な指導を通じて育成される。

個別の知識や技能の基礎
（遊びや生活の中で，豊かな体験を通じて，何を感じたり，何に気付いたり，何が分かったり，何ができるようになるのか）

・基本的な生活習慣の獲得
・様々な気付き，発見の喜び
・規則性，法則性，関連性等の発見
・日常生活に必要な言葉の理解
・身体的技能や芸術表現のための
　基礎的な技能の獲得　　　等

思考力・判断力・表現力等の基礎
（遊びや生活の中で，気付いたこと，できるようになったことなども使いながら，どう考えたり，試したり，工夫したり，表現したりするか）

・試行錯誤，工夫
・予想，予測，比較，分類，確認
・他の幼児の考えなどに触れ，
　新しい考えを生み出す喜びや楽しさ
・言葉による表現，伝え合い
・振り返り，次への見通し
・自分なりの表現　　　　等

・思いやり　・安定した情緒　・自信
・相手の気持ちの受容　・好奇心，探究心
・葛藤，自分への向き合い，折り合い
・話合い，目的の共有，協力
・色・形・音等の美しさや面白さに対する感覚
・自然現象や社会現象への関心　　　等

学びに向かう力，人間性等
（心情，意欲，態度が育つ中で，いかによりよい生活を営むか）

幼児教育

図1-2　資質・能力の3つの柱*

＊文部科学省「資質・能力の三つの柱に沿った，幼児教育において育成すべき資質・能力の整理イメージ（たたき台）」2016

　これらは，遊びを中心とする総合的指導を通して，育まれる生きる力の基礎となる「個別の知識や技能の基礎」，「思考力・判断力・表現力等の基礎」，「学びに向かう力，人間性等」などであり，学童期以降の知的，情意的・社会的な面の発達の基礎となるものである。

　幼児期に育みたい「資質・能力」は，保育内容の5領域の内容に基づく活動全

5

体を通して育むものとされている。そのため，保育内容5領域は子どもが必要な力をバランス良く育むため経験内容ということができる。

幼稚園，保育所，こども園における保育内容の詳細は，第3，4章で詳述する。

3 保育の総合性と保育内容の理解

ここまでみてきたように，乳幼児の保育は，子どもの生活全体を通して総合的に行われるものである。しかし，「総合的に展開する」ためには，保育の全体構造を理解し，子どもの生活や遊びを通して，子どもたちに具体的にどのような力を，どのような内容や方法によって育てて行くのかを考えて，目標を持って計画的に実践することが欠かせない。そうでなければ，ただ「機嫌よく過ごしていれば良い」「遊んでいれば良い」ということになり，子どもたちに確かな生きる力を育てる計画的，構造的な保育を行うことはできない。そのためにはまず，子どもの生活全体をどのように捉えるかということから考える必要がある。

1 生活活動の分化と保育内容

乳幼児の生活活動は未分化であり，乳幼児の生活は「生活」と「遊び」に分けて捉えられるのが一般的である。しかし，保育実践においては，もう少し細分化して，分析的，系統的にみる必要があると考えられる。

生活活動の分化とその生活時間の変化について名倉（1979）は「生理的生活」「遊び」「課業・学習」「労働・仕事」の4つに分けて示している（図1-3）。

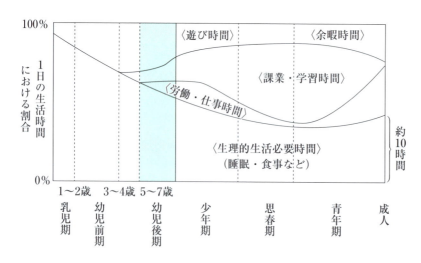

図1-3　生活活動の分化と生活時間の構造*

＊名倉啓太郎『岩波講座 子どもの発達と教育4』p.220，岩波書店，1979より

1章　保育の基本と保育内容の総合的理解

　乳幼児期の部分に目を向けると，3歳未満では「生理的生活」と「遊び」とに分けられる。かつての『保育所保育指針』では2歳児までの保育を「生活」「遊び」の2つの区分としており，それが広く浸透していたこともあり，こうした捉え方は保育現場の実態とよく合っているように思われる。

　しかし，3歳以上についてみてみると，「課業・学習」や「労働」が分化してくることが示されている。保育を構造的に捉える試みとして，「生活活動」「遊び」「課業」「労働」の4つの観点から捉えようとする研究者もいる（土方，1980）。また「集団生活の発展」を軸として，「基本的生活」「遊び活動」「クラス運営活動」「課業活動」「行事」を統合していくものとして構造化する試みもある。(宍戸，1982)。

　保育内容を構造的に捉えることは，子どもがどのような場面で学んでいるかを捉えることにほかならない。そう考えると保育における子どもの学びは，子どもの身体的，精神的安定をもたらす「保育者との信頼関係」を土台として，「生活」「遊び」「活動」を通して行われており，これらの観点から保育を構造的に捉えることができると考えられる。

❷ 子どもの諸能力の発達の系統性

　子どもがどのような場面で学んでいくかを発達的に捉えることは重要である。保育は「生活」と「遊び」と「活動」に分けられる子どもの生活全体の中で行われるとすれば，子どもと共にいる間，保育者は常に何らかの指導を行っている（あるいは，影響を及ぼしている）といえる。また，保育では，特定の能力の育成を，他の生活と切り離して何か特別な活動で育てるという方法をとることはない。言い換えれば，子どもの生活全体を通して総合的に展開することを大切にしている。

　このように考えると，子どもの諸能力がどのような順序で育っていくのかについて，具体的に理解し，見通しを持っておくことが必要である。たとえば，子どもがどのようにハサミを使えるようになっていくのかを知っていれば，生活全体の様々な場面でその発達にふさわしい指導や援助を組み立てることができる。

　逆に，こうしたことを理解していなければ，保育者の活動（経験内容）の選択や指導，援助が，子どもの発達に合わないものになり，子どもたちは混乱することになる。教育においては，経験をランダムに積み重ねるというのではなく，子どもの成長や発達機序に合った見通しを持った計画性や見通しが求められる。

　乳幼児期に育てたい諸能力は，運動能力，認知・知的能力，言葉，感情，社会性などである。これらも相互に関わりあいながら育つが，ハサミで紙を丸いかたちに切るとすれば，ハサミを扱う運動的な能力はもちろん，保育者の説明を理解

7

する言語能力や，形を認識する認知的な能力の育ちも求められる。したがって，これらが総合的に関連し合う「ハサミで切る」という具体的な行動の発達過程を理解しておくことも必要である。ハサミの扱い方と同様に，絵の具を使うことやルールのある遊びなど，子どもに経験させたい具体的な行動や活動に関する発達の見通しと道筋を理解しておくことが，子どもの気持ちが分かり，子どもに無理のない，そして総合的な指導を可能にする保育の展開には欠かすことができない。

3 保育の全体構造

さきに，保育を「生活」「遊び」「活動」の3つの観点から構造化できると述べたが，保育における「活動」は，さらに子どもにとっては遊びと同じように感じられる「保育内容としての遊び」と，クラスや園の運営のために目的を持って行われる「仕事」とに分けて捉えることができる（図1－4）。

表1－2　保育内容の構成要素

保育者との信頼関係	育ちの土台	生命の安全，保育者との信頼関係，自由の保障
生活	基本的生活	食事，排泄，睡眠，清潔，着脱衣の習慣，あいさつ
	クラス運営活動	朝の集まり，帰りの集まり，クラス内当番活動
	話し合い	共に生活をつくり，価値意識や目標などを共有するための話し合い
	仕事	自分と他者のために行う目的を持った活動（園内当番活動等）
遊び	自由な遊び	子ども自身が環境に関わって創り出す自由な遊び
活動	保育内容としての遊び	保育者が目的を持って計画するが，子どもが主体的に関わる遊びとして展開する活動
	行事	季節や文化的体験，日常の生活の節目となる行事
	課業的活動	目標を持って計画的に取り組む活動

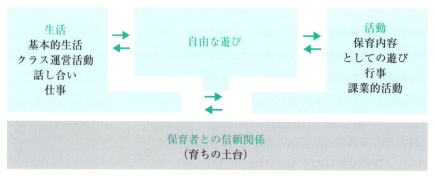

図1－4　保育内容の構造

1章　保育の基本と保育内容の総合的理解

　低年齢の子どもたちは「基本的生活」と「自由な遊び」を中心としながら，「保育内容としての遊び」を経験し，より年齢が高くなるにつれて，目的が明確で責任をともなう「仕事」を経験できるように保育を組み立てていくということになる。しかし，保育を考えるうえで大切なことは，遊びがもつ，自由で「おもしろい」「してみたい」と感じる子どもの必要感に支えられて活動が展開し，子どもに経験されるということである。したがって，課業的活動はもちろん，生活を創る活動である仕事も急ぐことなく，保育者の手伝いを楽しむ一部の子どもの取り組みから始めることが重要で，ことさらに「しつける」ことや「きちんとする」ことが強調されるような，おとなに強制されてするようにしてしまっては意味がないことをまず心に留めておくことが大切である。

4 保育者との信頼関係（育ちの土台）

　子どもにとって育ちの土台となるのは，安心できる環境で過ごすことである。身体的，精神的に満たされることは幼い子どもにとっての幸福であり，自立して生活できない子どもを守り育てる「保護」や「養護」という概念に近いものといえる。子どもの生理的な欲求を満たしながら，その表現を受け止め，相互交渉を重ねて子どもとの関わりを深め，愛着や信頼関係を育てることによって，子どもが周囲の人や世界に目を向け，関わろうとする育ちの土台がつくられる。信頼できるおとなの存在のもとで，子どもは自分を表現し，多くを学ぶことができる。

　子どもの発達や年齢にしたがって関わり方や関係の結び方は変化するが，保育者との信頼関係は保育の土台であることから，子どもの年齢にかかわらず，一人ひとりの子どもとの信頼関係を築くことを常に大切にしなければならない。

5 生活

　一般に「基本的生活習慣」とは，食事，睡眠，着脱衣，清潔，排泄，の習慣をいい，その自立が幼児期に求められる。幼稚園や保育所の生活では，これらと合わせて，挨拶やたとえば食事の際に〈手を洗う→「いただきます」をする→バランスよく食べる→「ごちそうさま」をする〉といった一連の流れやそこに含まれる文化を身につけていくことや，「会話を楽しみながら食事をする」といった食事の社会的意味といったことも含まれる。

　また，クラスで行われる朝や帰りの会，クラスでの当番活動など，子どもたちが生活をつくっていく基本的な要素として，クラス運営活動を位置づけたい。子どもたち一人ひとりの育ちは，個々の子どもに目を向けるだけでは十分ではなく，集団の中で育ちあうという視点を欠かすことができないからである。このことは，子どもたちが共に生活をつくり，価値観や目的意識を共有する「話し合い」とも

密接に関係する。言葉を介して，子どもたちと保育者が共に考え，そこでのやりとりが子どもの「内なる他者」を育て，思考を深め，価値を共有し，育ち合いの基盤と個々の子どもの内面をかたちづくる重要な機能を持っているからである（図1－5）。

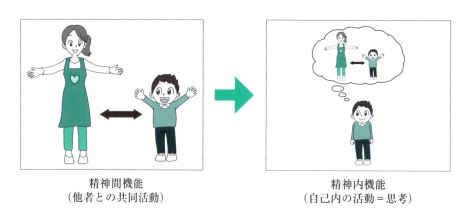

図1－5　精神間機能から精神内機能へ

こうした手段として絵本や紙芝居など生活に浸透している文化的な体験も含むものと考えたい。これらの共通経験は「活動」として行われることももちろんあるが，人としてのあり方や日本人としてのアイデンティティをつくる文化的要素は日々の生活の文脈に埋め込まれていると考えられ，共通経験が価値の共有に役立つと同時にクラス意識を育てて行くと考えられるからである（図1－6）。

図1－6　価値の共有がクラス意識を育てる

また，「仕事」は，明確な目的を持ち，自分だけでなく「みんなのため」に行われる活動で，有用さと確実さが求められる一定の責任を負うものである。そのため，その日の気分によって「しない」というわけにはいかない。

ネチャーエワ（1971）は仕事の過程の本質として，①目標を立てること，②そ

れを達成するための方法を見つけること，③目標に応じた成果をあげること，を指摘し，この3つの要素が子どもの活動に認められれば仕事をする力が形成されつつあると述べている。言い換えれば，目標もなく（なんとなく），いわれたままに行うのは仕事をしているとはいえないということである。

仕事には，注意力，根気強さ，小さな障害の克服，仕事の結果を思い描く，方法や手段を考える，仲間と意思疎通を図る，仕事の結果を評価する，意識的に仕事に集中するなどの力が求められる。しかしなんでもできるわけではない。幼児期の仕事の計画や過程の管理はあくまでも保育者にあるので，それぞれの時期や子どもにふさわしい仕事を，おとなとの共同活動として取り組んでいくことが大切である。清水（1978）は，子どもに与えられる仕事の条件として次の5点を挙げている。

① 作業内容が子どもの能力に見合うものであること
② 魅力的な仕事であり，やることに誇りが持てるものであること
③ 自分だけでなく仲間の共同生活に役立っているという見通しや関係を理解できること
④ 仕事の中で新しい発見があり，好奇心を刺激され，工夫の余地があること
⑤ 仲間との協力関係が保証され，困難や成功を共に経験できること

こうした点に配慮しながら，保育者の支えのもとで展開できるようにしていくことが求められる。

6 自由な遊び

幼児にとって遊びは，主体的に取り組む学習そのものである。したがって，子どもの自由な遊びは，子どもたちがそれぞれの興味・関心に応じて選択して取り組めるように，年齢や発達に応じた環境が求められる。

かつて倉橋惣三は，アメリカの進歩主義の幼稚園を見学した際に，自由遊び後の活動において子どもたちが見せた集中力に感嘆し，日本の保育にも朝の自由遊びを取り入れた。こうした朝の自由遊びは，今日のわが国の保育に引き継がれている。子どもが自分のしたい遊びに十分に取り組むことは，子ども自身の自己発揮と充実感を育てるとともに，そこで新たな事柄に向き合う様々な力を育てる活動でもあることを示唆している。

環境としては，おおむね3歳児までは，子どもの目に見えるかたちで遊び環境を準備する必要があり，4歳以降であれば子どもの要求に応じて必要なものを使えるようにしておくといった配慮が必要といえる。また，3歳未満児の玩具は機能的な遊びができるようなものが多くなり，3歳以上ではイメージに合わせて多様に使える玩具や友だちと協働で遊ぶ玩具や遊具が求められる。つまり，自由な

「遊び」とはいえ，保育者の配慮の下にその環境が準備されており，一人ひとりの子どもの興味や関心に対応する豊かな環境が準備されるかどうかは保育者に委ねられている。

こうした自由な遊びは，子どもたちに集中力や粘り強さ，友だちと協力する力など様々な力を育てると同時に，それぞれの子どもの興味や関心を理解する手がかりになる。これらは子どもの中で育ちつつある能力を理解することにもつながり，こうした子どもたちの姿から皆に経験させたい活動への手がかりを得ることができる。

また，「活動」としてクラスの皆で経験したことが，自由遊びとして展開することもある。自由遊びの中で，子どもたちが自分たちでできるようになることは，すなわち子どもたち自身の力として定着したことを意味する。したがって，自由な「遊び」は，保育者が意図を持って取り組む「活動」と密接な関係があるといえ，その関係は図1－4に示したとおりである。そのため「自由に遊んでいるから」と放任してしまっては意味がない。

7 活動

保育における「活動」は，さらに「保育内容としての遊び」と，「行事」「課業的活動」とに分けて捉えることができる。

ヴィゴツキー（1976）が，「遊びは発達の最近接領域をつくりだす。子どもは遊びのなかではいつも，自分の普通の年齢よりも上になり，自分の日常のふるまいよりも高いところにいる。つまり，遊びでは子どもは，自分よりも頭ひとつ背伸びする。……子どもは本質的に遊びの活動を通して発達する。この意味においてのみ，遊びは発達を決定づける主導的な活動と呼ぶことができる」と述べているとおり，幼児期の子どもの発達が主として遊びを通して進むことを考えれば，保育における活動は，基本的に子どもにとって「遊び」と感じられるような自由感や開放感があることが望ましい。その意味で，できるだけ「保育内容としての遊び」と位置づけられるような活動として展開することが重要である。

「保育内容としての遊び」として位置づけるということは，子どもたちの姿から育ちの芽を見つけ，その発達を待つのではなく，保育における活動を発達の最近接領域に積極的に働きかけ，発達を創り出す取り組みとして位置づけるということである。子どもたちの自由な遊びにみられる素朴な興味や関心を敏感に感じ取り，その興味関心をさらに広げ，多様で豊かな経験へと広げる取り組みである。こうして提供される活動の豊かさは，保育者の力量によって大きく左右される。

たとえば，絵を書いて遊ぶ子どもたちに，より豊かな絵画や表現の体験をさせたい場合，保育者自身が絵画に関する表現についての知識や技能を持ち合わせて

いる必要がある。豊かな表現体験をするには，いつも八つ切りの白画用紙にクレパスや絵の具で描くというのではなく，コンテや墨汁，ポスターカラーなど，描きたい物を表現するのにふさわしい画材を使ったり，紙の種類や大きさを変えるといったことも大切といえる。子どもの興味・関心と，保育者の願いが噛み合ったとき，子どもたちは力を発揮する。

4 子どもとその生活の変容と保育内容

保育内容について考えていく際の今日的な課題として，親の働き方の変化などによって子どもの生活も多様化していることに特に配慮が必要になってきている。幼保連携型認定こども園にみられるように，同じ園に生活しながらも，長時間を園で過ごす子もいれば，短時間の子どももいる。同じことが，幼稚園でも保育所でも起きている。このような状況を考えると，園での生活だけでなく，子どもの24時間の生活を考慮した保育の組み立てや配慮が必要になる。かつては，家庭の役割とされたしつけや基本的生活習慣の確立などについても，園での役割や期待が大きくなっているといえる。

また，子どもの貧困の問題に代表されるように，家庭の経済的格差が子どもの成長や発達に影響するといった事態も生じており，子どもたちにとって必要な豊かな文化的体験を保証する場として幼稚園や保育所が子どもの生活や学びの場として機能することも，これまで以上に重要になっている。その意味で保育内容の一層の充実が求められる。

さらに，子どもに対する直接の保育ではなく，子育て中の保護者に対する支援も幼稚園や保育所に求められるようになっている。子どもにとっての望ましい経験や活動，その援助のあり方等，保護者支援にはこれまでの保育における内容や方法の実践知を生かし，応用していくことが求められる。

【参考文献】

ネチャーエワ『幼児の労働教育』明治図書，1971

清水民子『乳幼児の発達と保育』青木書店，1978

名倉啓太郎『岩波講座　子どもの発達と教育4』岩波書店，1979

宮川知彰，星薫編著『発達段階の心理学』放送大学教育振興会，1989

文部科学省『幼稚園教育要領解説』フレーベル館，2008

厚生労働省『保育所保育指針解説書』フレーベル館，2008

太田光洋『幼稚園・保育所・施設実習完全ガイド』ミネルヴァ書房，2015

内閣府・文部科学省・厚生労働省『幼保連携型認定こども園教育・保育要領解説』フレーベル館，2015

第2章

保育の基本と保育のあり方

■乳幼児期にふさわしい生活について理解する。
■遊びを通しての総合的指導をふまえて，保育のあり方を理解する。
■子ども一人ひとりの発達に応じた指導とは何か，保育者の役割を考えてみる。

1 乳幼児期にふさわしい生活

　近年は，少子化や核家族化，情報化などを背景にこれまでにも増して子どもを取り巻く生活環境が著しく変化し，子どもの健やかな成長が保障されにくい時代である。子どもの生活が大人中心の生活に振り回され，夜型の生活からくる睡眠不足，コンビニやファストフード，市販惣菜への依存性の高さからくる食の簡便化の進展，携帯電話やタブレット端末などの普及によるコミュニケーション不足などの影響を受け，子どもたちに必要な生活体験が不足していることが指摘されている。そのため，乳幼児期にふさわしい生活とは，いったいどのような生活なのかということを幼児教育に携わる保育者一人ひとりが意識しながら日頃より子どもを取り巻く周囲の環境へアプローチしていくことが必要となる。

　『幼稚園教育要領』や『保育所保育指針』では，乳幼児期にふさわしい生活が展開されるように，子どもが身近な親しい人間関係を軸として，家庭や地域の様々な人との出会いや関わり，心を通わせる体験の重要性を示している。

　幼稚園や保育所が子ども一人ひとりにとって豊かな体験が得られる場となるために，たとえば『幼稚園教育要領解説』序章には，幼稚園の生活について次のような特徴が記載されている。

---

① 　同年代の幼児との集団生活を営む場であること
② 　幼児を理解し，適切な援助を行う教師と共に生活する場であること
③ 　適切な環境があること

---

① 同年代の幼児との集団生活を営む場であること

　園生活において，「幼児は多数の同年代の幼児と関わり，気持ちを伝え合い，時には協力して活動に取り組むなどの多様な体験をする」[*]ことが望まれる。幼児は，幼稚園という集団生活の場を通して，時にはいざこざや葛藤する経験も経ながら自分と友だちは時として異なる意見を持っていることに気づいたり，友だちと一緒に活動することの楽しさを味わいながら心地よく園生活を過ごすために必要な約束事やきまりがあることを理解していくのである。

＊文部科学省『幼稚園教育要領解説』p.18，フレーベル館，2018，引用。

② 幼児を理解し，適切な援助を行う教師と共に生活する場であること

　園生活においては，「幼児の発達の実情や生活の流れなどに即して，教師が幼児の活動にとって適切な環境を構成し，幼児同士のコミュニケーションを図るなど，適切な援助をしていく」[**]ことも求められている。たとえば，4月の新学期の時期には，幼児は新たな生活の広がりに対して期待と同時に不安感や緊張感を抱くことが多い。そのような幼児にとって自分の行動を温かく見守り，受け入れてくれる教師の援助によって次第に自分の居場所を見つけ，安心感を持って友だ

＊＊文部科学省『幼稚園教育要領解説』p.18，フレーベル館，2018，引用。

ちと関われるようになる。教師や友だちと共に過ごす楽しさや充実感を持つことで，皆と生活をつくり出していく喜びを見いだし，幼稚園が豊かな体験を得られる場となる。

❸ 適切な環境があること

　園生活において，「幼児が友達と関わって活動を展開するのに必要な遊具や用具，素材，十分に活動するための時間や空間はもとより，幼児が生活の中で触れ合うことができる自然や動植物などの様々な環境が用意されている」*ことも大切である。幼児の関わる環境は園の中だけにあるものではなく，近くの公園や地域にある様々な施設や行事への参加なども含めて，幼児の豊かな人間性の基礎が培われていくのである。

＊文部科学省『幼稚園教育要領解説』p.19，フレーベル館，2018，引用。

　ここで，幼稚園での様々な生活の場面が描かれている一冊の絵本を紹介しながら，子どもたちの園生活について考えてみよう。

『なきむし　ようちえん』

　幼稚園の入園式に「やだやだ，幼稚園なんか嫌いだよーっ」と泣いているみゆきちゃんがいます。みゆきちゃんは毎日泣いてばかりでした。ヤギに草を食べさせる時も泣いてしまい，畑での土いじりでも手が汚れるのでやりません。林でのターザンごっこも怖いからできません。

　ある日，またみゆきちゃんが泣いていると，みえこ先生は膝の上にウサギを乗せてくれました。ウサギの毛はやわらかいし，とても温かいです。

　それから，少しずつ，みゆきちゃんは幼稚園での様々な体験を通して，たくましく成長していくのです＊＊。

＊＊長崎源之助（作）・西村繁男（絵）『なきむしようちえん』童心社，1983。

　この絵本には，季節に応じた幼稚園での体験や友だちとの関わりが豊かに描かれている。子どもは好奇心が旺盛であり，色々なことを知りたがり，試したがる意欲的な存在であると言われているが，子どもなら，何でもやりたいのではなく，些細なことにとてもこだわったり，周囲に自分を合わせることや周囲の目を気にして，時にはやりたくないことやできないことも出てくるものである。皆と一緒に遊ぶより一人でじっくり集中したいときやうまくできなくて気持ちが落ち着かない時など，子どもたちがありのままの気持ちを自由に表現することが許され，その多様な感情を温かく受け止めてくれる保育者の存在はとても心強いものとして映る。

　こうした子どもたちの育ちの姿に対して，乳幼児期にふさわしい生活が展開されるには，まず，信頼できる身近な大人に支えられているという安心感から情緒的な安定が得られることが重要なのである。

1 子どもが安心して過ごせる心の基地があること

身近な大人との信頼関係に支えられた生活について，次の事例から考えてみよう。

事例2−1

入園当初，登園前にお母さんと離れることがとても不安で泣いている3歳児クラスのAちゃん。保育者はAちゃんの寂しさや不安な気持ちを少しでも分かりたいと思い，園庭で飼っているニワトリや事務室前の金魚を一緒に見て回りながら朝の登園時間をゆっくりと過ごせるようにした。入園から3週間が過ぎようとした頃，Aちゃんは小さな声で「せんせい，おんなじ」と保育者の髪留めを指さした。Aちゃんは保育者の髪留めの色が自分と同じ黄色であることに気がつき，そっと自分の髪留めを見せてくれた。それから保育者は「明日は何色の髪留めにする」と小声でAちゃんに話しかけながら，そっと2人だけの約束を交わした。

次の日，Aちゃんは水色の髪留めを付けている。保育者もまた水色の髪留めを付けていた。保育者が小さな声で「おんなじだね」とAちゃんにささやくと，Aちゃんもコクッとうなずき，ほんの少し笑顔をのぞかせてくれた。その後，少しずつAちゃんは安心してクラスの友だちと過ごせる日が続くようになった。

子どもは「自分の存在が周囲の大人に認められ，守られているという安心感から生じる安定した情緒が支えとなって，次第に自分の世界を拡大し，自立した生活へと向かっていく……（中略）……すなわち大人を信頼するという確かな気持ちが幼児の発達を支えている」[*]のである。一人ひとりの子どもと保育者の間に信頼関係がしっかりと結ばれ，保育者の温かいまなざしによって次第に「これで遊びたい」「○○やりたい」「○○ちゃんと遊びたい」という欲求がみられるようになる。

子どもたちの豊かな好奇心やあらゆることに挑戦したい，自分でやりたいという気持ちが強まる時期には，その一方で信頼する大人に自分の存在を認めてもらいたい，支えられたい，見守っていてほしいという気持ちも大きなものとなるのである。

*文部科学省『幼稚園教育要領解説』p.33，フレーベル館，2018，引用。

2 子どものしたいことが実現できること

子どもの生活は，そのほとんどが興味や関心に基づいた主体的な活動や自発的な活動としての遊びからなっている。各園において，子どもたちが身近な環境と関わり，したい遊びや活動を通して充実感や満足感を味わうことができるようになるには，子どもたちが好きな遊びに夢中になれる環境を整えることが欠かせない。

日常の園生活の場面から，子どものしたいことが実現できる環境を考えてみよう。

2章　保育の基本と保育のあり方

事例2－2
　雨の日が続いている6月，5歳児クラスのA君とB君は近頃，電車の絵を描くことを楽しんでいた。先生は，前日の掃除の時間に子どもたちが落ち着いて絵を描くことのできる環境を部屋の一角に机を用意して，「おえかきコーナー」と書いた立て札を準備した。次の日の朝，「先生，今日も電車描きたーい」と2人の元気な声が聞こえてくる。先生は，事前に準備しておいた「おえかきコーナー」にA君とB君を促した。A君とB君はさっそくクレヨンを持ってきて電車の絵を描き始めた。

　子どものしたいことが実現できる環境を整えるということは，日頃から子どもたちの好きな遊びや興味や関心のある活動に目を向け，保育者自身が子ども理解を深めることにより可能となる。事例2－2では，保育者は日頃からA君とB君が楽しんで電車の絵を描いている姿を受け止め，落ち着いて絵を描くことのできる環境を事前に「おえかきコーナー」として部屋の一角に用意したのである。

　事例の続きを見てみよう。

　A君は新幹線，B君は地下鉄の絵を「おえかきコーナー」の机で描いている。そこへC君とD君とE君もやってきて一緒に電車の絵を描き始めた。クレヨンで思い思いに色を塗りながら，時よりお互いの絵をのぞき込み，話をしたり，笑い声も聞こえてくる。しばらくすると5人は「先生，もっと線路と駅を描きたい」と言いにくる。先生は，部屋の中を見渡しながら「ちょっと，待ってね」と返事をすると，それまで使用していた机を片付け，床に新聞紙を広げた。それから5人は何枚も線路や駅を描き，画用紙の線路を円になるようにつなぎ合わせていった。最後に，それぞれが描いた電車の絵を好きな場所に貼り合わせた。5人の表情はとても満足したように見えた。

　子どもたちの遊びに対する興味や関心が広がっていくとその遊びに関連して色々なことに気づき，考えたり，工夫したり，新たにやってみたいことが生まれ，遊びへの意欲はさらに引き出されていく。事例では，保育者は子どもたちのしたい遊びが実現できるように環境をその都度変化させている。C君とD君とE君も加わり，線路や駅を描いてつなぎ合わせていくことで子ども同士の遊びのイメージが共有され，遊びの楽しさはさらに広がっていったのである。
　子どもにとって自発的な活動としての遊びは，その子なりに「こうしたい」「こうだったらいいのにな」という思いや願いを持ちながら，活動を展開していくことである。保育者は，次々と変化していく幼児の興味や関心に応じて環境の再構成を行いながら子どもたちの遊びの経験を豊かなものにしていくのである。

19

3 持っている力を総動員して直接体験すること

『幼稚園教育要領』の第1章　総則では，第1節　幼稚園教育の基本において，「幼児は安定した情緒の下で自己を十分に発揮することにより発達に必要な体験を得ていくものであることを考慮して，幼児の主体的な活動を促し，幼児期にふさわしい生活が展開されるようにすること」*が示され，子どもの興味や関心に基づいた遊びや生活は直接的・具体的な体験を通して展開されていくことが大切とされている。1970年代以降，経済の高度成長や科学技術の革新が進んできた結果，現在では知りたい情報がその場ですぐに手に入るという"便利さ"や"効率"が優先されている。私たちの日常生活の中では，テレビやDVD，ゲームやインターネットなどの利用をはじめ，通学や通勤途中でも多くの人が携帯電話を使用している状況を目にする。子どもの生活や遊びにも変化が見られ，様々な情報機器が浸透し，子どもたちには電子機器をはじめ手軽で便利なものだけが与えられやすい時代でもある。テレビ視聴やゲーム機，携帯電話などの低年齢化とも絡み，子どもの日常生活における人との関わりの希薄化や直接体験のいちじるしい不足が生じている。

＊文部科学省『幼稚園教育要領解説』p.26，フレーベル館，2018，引用。

こうした社会状況の中で，乳幼児期から自然な生活の流れの中で子どもたちが直接的・具体的な生活体験を営むことのできる機会を大人が意図的につくっていくことが求められる。子ども自身の興味や関心，生活の中から出発した直接的な体験を通して「なぜだろう」「どうしてだろう」という疑問をもつことやその疑問に保育者も一緒に向き合いながら園生活を通して豊かな体験が得られるように配慮することが必要なのである。

2　遊びを通しての総合的指導の意義と保育

1 遊びを通して発達に必要な経験を重ねること

『幼稚園教育要領』や『保育所保育指針』では，遊びは心身の調和のとれた発達の基礎を培う重要な学習であることを考慮して，遊びを通して乳幼児期にふさわしい体験が得られるように総合的に保育することが示されている。

『幼稚園教育要領解説』には，総合的な指導について「遊びを展開する過程においては，幼児は心身全体を働かせて活動するので，心身の様々な側面の発達にとって，必要な経験が相互に関連し合い積み重ねられていく……(中略)……遊びを通して総合的に発達を遂げていくのは，幼児の様々な能力が一つの活動の中で関連して同時に発揮されており，また，様々な側面の発達が促されていくための諸体験が一つの活動の中で同時に得られているからである」**と記載されている。

＊＊文部科学省『幼稚園教育要領解説』pp.35〜36，引用。

2章　保育の基本と保育のあり方

たとえば，「鬼ごっこ」*という遊びを取り上げてみると，その遊びの中でみんなで身体を思い切り動かしながら走る，方向を変える，身をかわすなどの多様な動きを体験する。また，仲間と協力して遊ぶ中でルールを守ることで遊びがさらに楽しくなることやどうしたら鬼から逃げられるのかを考え，工夫したり，協力することを通して友だちとの関わり方を身につけていくことなど，様々な事柄を実際の遊びを通して総合的に学んでいくのである。このように考えると，一つひとつの遊びの中で，子どもたちは発達に必要な経験を重ね，様々な力や態度を身につけていくことが分かる。保育の場面では，日々展開される遊びや活動を通して子どもたちが発達していく姿を様々な側面から総合的に捉え，その子の発達に必要な経験が得られる状況や環境をつくることが望まれる。

*財団法人幼少年教育研究所編『遊びの指導　乳・幼児編』p.89，同文書院，参考。

2 遊びの自由さが保障されていること

遊びの意味について，オランダの文化史家であるホイジンガは，著書『ホモ・ルーデンス』の中で，次のように述べている。

> 「すべての遊びは，まず第一に，何にもまして一つの自由な行動である。命令されてする遊び，そんなものはもう遊びではない。」**

**ホイジンガ著・高橋英夫訳『ホモ・ルーデンス』p.29，中公文庫，1973，引用。

ホイジンガは遊びを「自由な行動」として位置づけ，遊びが誰かに指示されて行われるものではなく，遊ぶこと自体が目的となっていることを指摘している。

保育の場面に置き換えて考えてみると，子どもたちの遊びに「自由さ」というものがきちんと保障されていることが大切になるだろう。しかし，「自由さ」を強調しすぎるあまり，子どものしたいことを何でも許す保育になってしまったり，子どもに干渉しない保育に陥るような解釈になってはならない。

保育の中での遊びの「自由さ」とは，遊びそのものが子どもの興味や関心に基づいた活動となり，その遊びの中に楽しさを感じられるということである。言い換えれば，子どもの遊びが大人主導のものではなく，子ども自身が興味や関心に応じて自発的な活動としての遊びの中で楽しさや面白さを追求していくことのできる自由さが園の環境として保障されていることが大切なのである。

Let's
考えてみよう！
園の中で，子どもたちの遊びに「自由さ」が保障されているとはどのような保育環境だろうか。

3 遊びは子どもの興味や関心に基づいた活動であること

保育は，子どもの自発的な活動である遊びを通して行われることが基本とされている。なぜなら，遊びは他者からやらされるという強制される活動ではなく，あくまでも子ども自らの興味や関心に基づいた活動として，その遊びの中で大いに楽しさを感じることや，子どもたちの好奇心がくすぐられ，「もっとやってみ

たい」という思いが大きくなることが大切だからである。

　しかしながら，保育の現場において，「文字遊び」「数（計算）遊び」というように「○○遊び」と名付けて，大人が一方的に知識を与える目的で，何らかの課題をやらせることを「遊び＝学び」と考えるなど，時として子どもの遊びが誤解されている状況もある。これらの遊びは，本来の遊びとはいえないばかりでなく，子ども自身の活動に取り組む気持ちも損なわれやすい。

　遊びは子ども自身の興味や関心に内発的に動機づけられる活動であり，子どもたちが好きな遊びに夢中になりながらその過程で考えたり，試したり，工夫したりするといった試行錯誤を重ね，楽しさやおもしろさを追求し，遊びが充実することによって，結果として様々な能力を育て，心身の調和のとれた発達が促されていくのである。

　その意味で，乳幼児期は小学校以上のように明確な時間割に沿って教科ごとに教えるという系統的な学習ではなく，あくまでも子どもの主体的な活動や自発的な活動としての遊びを通じて，それぞれの領域が大切にしている内容が相互に関連を持ちながら発達に必要な体験が積み重ねられていくという総合的な指導が重要なのである。保育者には，子どもの育ちへの願いを持ちながら子どもが何を求めているのか，これから何をしようとしているのか，何に興味や関心があるのかなど，その子の育ちや個性を日々の保育の活動や遊ぶ姿から理解しようとする姿勢が求められる。

3　一人ひとりの発達に応じた指導

1　一人ひとりの子どもの気持ちや状態に寄り添う

　『保育所保育指針』の第1章，保育所保育に関する基本原則では，(3)保育の方法「ウ　子どもの発達について理解し，一人一人の発達過程に応じて保育すること。その際，子どもの個人差に十分配慮すること」*が記載されている。発達には，ある程度の順序性や方向性があり，身体の側面や運動の側面，情緒の側面や認知の側面，社会性の側面など様々な側面が相互に関連しながら総合的に発達を遂げていくものである。

＊厚生労働省『保育所保育指針解説』p.21，フレーベル館，2018，引用。前掲の『幼稚園教育要領解説』にも同様の記述がある。

　したがって，保育者がその年齢の多くの子どもが示す発達の目安について乳幼児期の特性や道筋を理解しておくことは重要なことであるが，同時に子ども一人ひとりに目を向けながらその発達の姿が一様ではないことを心得ておく必要がある。たとえば，集団生活に早く慣れることや活発に遊び出すといった姿だけを望ましい姿として一律に求めるのではなく，子どもたちのこれまでの育ちの積み重

2章　保育の基本と保育のあり方

ねを理解し，子どもの気持ちや状態に寄り添いながらこれからの育ちに必要な援助を適切に考えていくことが重要である。

　したがって，子どもの発達をその年齢の均一的な基準でみるのではなく，それぞれの子どもの発達過程や育ってきた環境，経験差，個人差などに配慮し，育ちの姿について見通しを持ちながら，実態に即して保育を行うことが求められる。

❷ 子どもの生活経験の違いに応じた援助

　『幼稚園教育要領』第1章，総則では，第1節の幼稚園教育の基本において「幼児の生活経験がそれぞれ異なることなどを考慮して，幼児一人一人の特性に応じ，発達の課題に即した指導を行うようにすること」*が示されている。子どもの個性やそれまでの家庭の生活における経験などの違いによって，同じ年齢，同じ月齢であったとしても発達や環境への関わり方，興味や関心の対象は異なってくる。経験差の異なる子どもに対して無理なく，豊かな発達を保障していくためには保育者自身の子ども理解を深め，一人ひとりに応じた援助を考えていくことが大切である。

*文部科学省『幼稚園教育要領』p.5，フレーベル館，2017，引用。

意見を出し合おう！ Let's
一人ひとりの子どもに合った生活習慣の援助の仕方について考えてみよう。

　次の事例は，それまでの家庭環境から見えてくる子どもの経験差を感じる場面である。保育者の援助と共に考えてみよう。

事例2-3
　Ａ男は，洋服の脱ぎ着が苦手で，着替えの時間になっても自分からなかなか着替えようとしない。着替えの場面では保育者に手伝ってもらうことが多く，保育者がやさしく声をかけながら着替えを促すと腕を上げたり，足を上げたりするといった調子であった。

保育者の援助：そこで保育者は，Ａ男と言葉を交わしながら上着やズボンの着替え方を一からゆっくりと教え，できた時には必ず褒め少しずつ一人で着替えができるように援助した。

事例2-4
　外遊びで手が汚れていたＢちゃんに「手を洗おうね」と保育者が声をかけると，Ｂちゃんは，水道の蛇口の下に手を出したまま，何かを待っている様子であった。保育者が「どうしたの」と聞くと，家ではお母さんが，水を流してＢちゃんの手をきれいに洗ってくれるようであった。

保育者の援助：そこで保育者は，Ｂちゃんに蛇口のひねり方や石けんの使い方などを実際にやって見せ，Ｂちゃんも保育者と一緒にゆっくりと手を洗った。

23

特に，生活習慣に関わる内容は，それまでの家庭環境の中でどのように過ごしてきたかによって子ども一人ひとりの経験差は大きく異なるものである。そこで，各園において，子どもの個別の援助を考えていく際には，家庭との連携を密にしながら，それぞれの子どもにとって必要な経験が積めるように援助していくことが求められる。保育者は園での子どもの成長を丁寧に保護者に伝え，一方では家庭環境の様子を把握しながら子どもがより豊かに生活が送れるように配慮することが必要である。

3 一人ひとり違う遊びの楽しみ方を受け止める

『保育所保育指針』の第2章，保育の実施に関して留意すべき事項では，保育全般に関わる配慮事項として「ア　子どもの心身の発達及び活動の実態などの個人差を踏まえるとともに，一人一人の子どもの気持ちを受け止め，援助すること」*が記載されている。子どもが安定し，充実感を持って生活するために，保育者は特に子ども一人ひとりの個人差に配慮することが求められている。

たとえば，2つのグループに分かれて玉入れ競争をしている場面では，その遊びの中で何に興味を持っているのか，何を楽しんでその活動をしているのかは，子ども一人ひとりによって異なるものである。Aちゃんはボールを拾ってカゴに投げ入れることを楽しんでいるが，Bちゃんは自分では投げずに何度もボールを拾っては友だちに渡すことを楽しんでいる。また，Cちゃんはカゴの周りを歩きながら大きな声でみんなを応援することに楽しさを感じている。このような場合，Aちゃんの姿だけが玉入れ競争を楽しんでいる姿とは言い難い。同じ活動の中で，どの子も自分なりの関わり方でその活動に参加しているのである。

個人差に配慮するとは，子どもたちの活動への取り組み方の実態をふまえながらその子どもの気持ちや行動を受け止め，一人ひとりが楽しめる保育者の関わり方が求められるのである。

*厚生労働省『保育所保育指針解説』p.285, フレーベル館, 2018, 引用。

4 「発達課題」と「発達の課題」の違い

子ども一人ひとりの発達の課題を考える際には，「発達課題」と「発達の課題」の違いを念頭に置く必要がある。発達心理学の分野に大きな影響を与えたハヴィガースト（*Robert J. Havighurst,* 1900-1991）によると，「発達課題」とは「特定の個人が，その生涯のある時期に，必ず達成すべき主題を，具体的に記述したものを指す概念である」**としている。人間の生涯発達を視野に入れ，幼児期及び早期児童期から老年期までのそれぞれの時期には特有の段階（発達段階）があると考え，各段階で社会的に期待されている役割について，その達成すべき課題を発達課題として設定しているのである。

＊＊R. J. ハヴィーガースト著　児玉憲典・飯塚裕子訳『ハヴィガーストの発達課題と教育―障害発達と人間形成―』序p.1, 川島書店, 1997, 引用。

たとえば，幼児期及び早期児童期の発達課題では「歩行の学習」「しゃべること の学習」「排泄の統制を学ぶ」「読むことの用意をする」「善悪の区別を学び，良心を発達させはじめる」などの課題を挙げている。

「発達課題」を保育の場に置き換えて考えてみると，それは子どもたちの姿を その時期や年齢ごとの「平均」や「基準」として捉える見方となる。すなわち，個々の子どもの育ちの違いを発達の平均的な姿と比較して，そこから「高い」「低い」，「進んでいる」「遅れている」，「できている」「できていない」というような外見的な見方で子どもの育ちを判断していくことになりかねない。

子どもたちの育ちについて，その時期に見られる発達の特性やおおよその姿を 大まかに把握しておくことは必要なことであるが，それはあくまでも一般的な成長の目安であって，一人ひとりの子どもの育ちはその早さや現れ方も異なっていることを念頭に置くことが必要である。

現行の『幼稚園教育要領』や『保育所保育指針』では，保育者自身がそのような見方にならないために「発達課題」ではなく「発達の課題」という言葉を用いている。「発達の課題」とは，その時期の多くの子どもが示す平均的な発達の姿に合わせて設定された課題ではなく，一人ひとりの子どもが，そのときどきに当面するその子にとって乗り越えようとしている「自己課題」を指すのである。したがって，一見すると「理解できない姿」「問題行動」として見えてしまう子どもの姿に対して，その子の育ちに何らかの発達的意味を見いだす保育者の関わり方が重要となる。このように保育の中で大切にされている「発達の課題」については，人間の生涯発達を見通した社会的に期待されている役割としての「発達課題」とは性質の異なるものであることを理解しておきたい。

5 家庭と園の生活のつながり

『倉橋惣三・保育へのロマン』[*]という本の中で荒井は，保育の実際について，「流れゆく一日」，「園の朝」に着目して次のように述べている。子どもたちにとってどこまでも自然にゆったりと続いていく家庭と園の生活のつながりを考えてみよう。

> ### 「流れゆく一日」[**]
> 多くの子どもたちが，しかも低年齢の段階から，保育園なり幼稚園での生活を送るようになってきました。……（中略）……おさな子の園での生活ができるだけ自然なものであり，家庭生活とのあいだに段差がないように工夫しなければならないのだ，と考えます。家での生活と園での生活とが，ごく自然につながるように，溝や垣根のようなものがあったとしたら，できるだけ取り除くように努めたいと思います。[***]。

[*] 荒井洌『倉橋惣三・保育へのロマン』p.58・pp.87〜88, フレーベル館, 1997。

[**] 倉橋惣三『倉橋惣三選集』(第1巻) p.108「流れゆく一日」, フレーベル館, 1965, 参考。

[***] 荒井洌『倉橋惣三・保育へのロマン』pp.87〜88, フレーベル館, 1997。

幼稚園の生活は，自然な流れの中で直接的・具体的な体験を通して子どもの発達が育まれていくことが基本であり，子どもの遊びや活動の姿と関連を持ちながら，自然でゆったりとした生活の流れが大切となる。そのため，たとえば，「あいさつ」や「片づけ」，「食事」や「排泄」など生活習慣に関わる事柄を，単に身につけさせなければならない習慣として厳しく指導するよりも，家庭と園の生活がごく自然につながっていくように日々の対話を通して，子どもが無理なく身につけられるようにしていくことが望まれる。

「園の朝」*

あなたの園の朝のスタートは，どのようになさっていますか？　お母さんと手をつないで，足をはずませながらやって来る子，親の通勤用の車で来る子，お迎えのバスに乗って，にぎやかにやって来る子，など。子どもたちは今日一日の友だちや先生との楽しみを胸に，園に向かいます。**

特に，幼稚園の朝の始まりは，一日の園生活に大きな影響を与えるものであり，どの子どもにとってもとても大切である。幼稚園における一日のおおまかな生活の流れは〈登園―主体的な遊び（活動）―昼食―主体的な遊び（活動）―降園〉となっている。どの子どもたちにとっても朝はとても大切である。子ども一人ひとりにとって家庭と園の生活がスムーズにつながり，園生活の一日が穏やかに始まることで好きな遊びに夢中になることができるのである。このような見方は，子どもを中心にして保育を構想していくことの大切さを指摘しているといえる。

*倉橋惣三『倉橋惣三選集』（第1巻）p.89「幼稚園の朝」，フレーベル館，1965，参考。

**荒井洌『倉橋惣三・保育へのロマン』p.58，フレーベル館，1997。

4 保育者の役割

園生活において子どもたちの主体的な活動を促すためには，保育者はどのような関わりをもつことが必要になるだろうか。保育者の役割を考える上で，将来保育者を目指している学生に，幼い頃に通っていた幼稚園や保育所での遊びの場面について先生との思い出をたずねてみた。

Aさん：違うクラスの友だちとも，毎日ままごとや鬼ごっこをして遊んでいたことを覚えています。遊ぶ人数が少なくなると，先生も一緒に鬼ごっこをしてくれて楽しかったです。

Bさん：砂場で先生や友だちと一緒に泥団子づくりをしたことが楽しかったです。ピカピカな泥団子になるようにたくさん泥を混ぜたり，白い砂をかけたりして，楽しくおしゃべりしながら誰が一番ピカピカな泥団子をつくれるか競争しました。

Let's　話してみよう！
幼稚園や保育所で大好きだった遊びを思い出して発表してみよう。

2章　保育の基本と保育のあり方

Ｃさん：『わたしのワンピース』という絵本に登場するうさぎのワンピースを先生がかわいく描いてくれました。私はその絵に色を塗ったり，友だちと一緒に絵本を真似してたくさんのワンピースの絵を描きました。

Ｄさん：みんなでサッカーをした時には，ルールがバラバラでうまくいきませんでした。そんな時には，いつも先生が一緒にルールを考えてくれました。色帽子でグループを分けることやゴールキーパーは線から出ないなどのヒントをもらってそれからサッカーが楽しくなりました。

　乳幼児期の様々な活動は，生涯にわたる人格形成の基礎を培う体験となるものであるため，保育者の担う役割は極めて重要といえる。保育者は子ども一人ひとりの発達に必要な体験が得られるように，活動の場面に応じてその役割を果たしていかなければならない。近年，保育者に求められる役割について『幼稚園教育要領解説』第１章第４節の「３　指導計画の作成上の留意事項」(7)教師の役割を参考に，それぞれの学生の思い出と合わせて考えてみよう*。

＊文部科学省『幼稚園教育要領解説』pp.116〜118，教師の役割（４つの役割），フレーベル館，2018，参考。

　　１．「子どもの理解者」としての役割
　　２．「子どもの共同作業者」としての役割
　　３．「子どものモデル」としての役割
　　４．「遊びの援助者」としての役割

読んでみよう！ Let's

『幼稚園教育要領解説』第１章(7)教師の役割を読んで，４つの役割以外に保育者にはどのような役割が求められるか考えてみよう。

❶「子どもの理解者」としての役割

　保育者には，子どもが行っている活動の理解者としての役割がある。園生活は集団生活の場であり，子どもたちがどんな遊びを楽しんでいるのか，子ども同士の関係性はどうなっているのかなど，一人ひとりの子どもを理解する際には，時間の流れや空間の広がりについても視野に入れることが大切である。時間の流れとは，子どもの園生活だけではなく，毎日の登園前や降園後の家庭生活の様子なども含めて子どもの遊びや生活の様子を把握することである。また，空間の広がりとは，クラス内の様子だけでなく，園生活全体を通した子どもの人間関係の広がりを指している。Ａさんの思い出からは，毎日の遊びの楽しさがクラスの枠を超えて広がっている様子がうかがえる。保育者は，多様に展開される子どもたちの活動をじっくりと見て，子どもたちがどこで何をして楽しんでいるのかということや，それぞれの子どもの遊んでいる姿からどんな育ちをしているのかなどの確かな子ども理解を重ねていく事が不可欠である。

27

2 「子どもの共同作業者」としての役割

　保育者は，子どもたちの遊んでいる様子を「見守る」という姿勢だけではなく，遊びや活動に参加しながら共に楽しむ姿勢も大切な役割である。子どもたちは自分の思いを言葉だけでなく，全身で表現する。Bさんの思い出からは，先生や友だちと楽しくおしゃべりをしながらピカピカの泥団子づくりを一緒に楽しんだことが語られている。ピカピカな泥団子になるように泥を混ぜたり，白い砂をかけたりと何度も何度も繰り返しながらその子なりの泥団子づくりに挑戦していた姿が想像できる。保育者の役割の一つはこうした遊びに，子どもと共に同じように動いてみたり，同じ目線に立ってものを見つめたり，共に試してみたりすることである。

　共同作業者としての役割は子どもの活動に共鳴していくことであり，それは子どもの視線に立って，その思いを理解していくということである。子どもと共に活動することが，子どもの心の動きや行動の意味を理解することにつながっていく。

3 「子どものモデル」としての役割

　保育者には，憧れを形成するモデルとしての役割もある。保育者が活動を楽しみ，集中して取り組む姿は，子どもたちの心を引き付けるものである。「先生のようにやってみたい」という気持ちを引き出し，新しい活動との出会いや工夫して遊びに取り組んだりすることを促す。Cさんの思い出からは，保育者が子どもの遊びのモデルとして絵を描いてくれる姿やできあがったかわいらしい絵がとても魅力的なものとして映り，子どもの「私も描いてみたい」という活動への意欲を引き出している。保育者のモデルとしての役割は，言葉かけを中心とした指導とは異なり，保育者が楽しく遊ぶ姿や活動に取り組む姿から子どもを導こうとする関わり方なのである。

　子どもは保育者の日々の言葉かけや行動する姿をモデルとして多くのことを学んでいく。たとえば，子ども同士のいざこざや喧嘩の場面においても，その善悪の判断や相手に対するいたわりの気持ち，思いやりなどの道徳性を培う上で，保育者は1つのモデルとして大きな役割を果たしている。したがって，保育者自身も日頃の何気ない言動が子どもたちに大きな影響を与えていることを意識しておくことが大切となる。

4 「遊びの援助者」としての役割

　子どもの遊びが深まっていなかったり，課題を抱えたりしているときには，遊びを展開させるなど，課題の解決を促す遊びの援助者としての役割が必要となる。

Dさんの思い出からは，サッカーをしたいけれど，ルールの理解がバラバラのため遊びが長く続かなかったことが考えられる。このようなときには，遊びの援助者として適切な援助を行う必要がある。保育者は，子どもたちと一緒にルールを考えながら，色帽子でグループを分けることやゴールキーパーは線から出ないことのヒントを出している。

　遊びの援助者としての役割において大切なことは，いつ，どのような援助を行うかはその状況に応じて判断することである。援助の仕方も，保育者が一方的に決めてしまったり，指示や命令を与えるようなことが無いようにすることも大切である。あくまでも子どもたち自身で問題を解決できるようなきっかけやヒントを与える程度にとどめることに留意したい。なぜなら，遊びの主体は子どもたちであり，子ども自身が遊びを豊かにできるように援助することが望まれるからである。

【引用・参考文献】

文部科学省『幼稚園教育要領　平成29年告示』フレーベル館，2017

厚生労働省『保育所保育指針　平成29年告示』フレーベル館，2017

文部科学省『幼稚園教育要領解説』フレーベル館，2018

厚生労働省『保育所保育指針解説』フレーベル館，2018

長崎源之助作　西村繁男絵『なきむし　ようちえん』童心社，1983

財団法人幼少年教育研究所編『遊びの指導　乳・幼児編』同文書院，2009

ホイジンガ著　高橋英夫訳『ホモ・ルーデンス』中公文庫1973

R. J. ハヴィーガースト著　児玉憲典・飯塚裕子訳『ハヴィーガーストの発達課題と教育－障害発達と人間形成－』川島書店，1997

ロバート・フルガム著　池央耿訳『人生に必要な知恵はすべて幼稚園の砂場で学んだ』河出書房新社，1990

荒井洌『倉橋惣三・保育へのロマン』フレーベル館，1997

倉橋惣三『倉橋惣三選集』（第1巻）フレーベル館，1965

全国保育団体連絡会・保育研究所編『保育白書2017』ちいさいなかま社，2017

社会福祉法人恩賜財団母子愛育会　愛育研究所編『日本子ども資料年鑑2017』KTC中央出版，2017

第3章

幼稚園，保育所，幼保連携型
認定こども園の保育内容

- ■『幼稚園教育要領』や『保育所保育指針』を通じて，保育内容がどのような変遷をたどってきたかを学ぶ。
- ■幼稚園，保育所における保育内容を理解する。
- ■幼保連携型認定こども園における保育内容を理解する。

1 保育内容の変遷

ここでは，保育内容がこれまでにどのような変遷をたどってきたか，おおまかに理解する。

1 『保育要領』の刊行

1948（昭和23）年に文部省（現在の文部科学省）から刊行された。『保育要領』は「幼児教育の手引き」とされ，また，保育所保育や家庭での育児の参考としての役割を担うことを願いとして編集されているものである。保育内容を「楽しい幼児の経験」として12項目（見学，リズム，休息，自由遊び，音楽，お話，絵画，製作，自然観察，ごっこ遊び・劇遊び・人形芝居，健康保育，年中行事）で示している。また，子どもの自由な遊びを主体としたものとして示している。

2 『幼稚園教育要領』および『保育所保育指針』の刊行

1956（昭和31）年に，『保育要領』は『幼稚園教育要領』として刊行され，次のような特徴が挙げられる。

①『保育要領』をもとに，幼稚園の教育課程の基準としての改善

②教育内容を「望ましい経験」として示している

③「望ましい経験」を6領域（健康，社会，自然，言語，音楽リズム，絵画製作）に整理し，各領域に示す内容を総合的に経験させるものとして小学校教育の教科との違いを示しているが，それぞれの領域に系統性を持たせることにより，幼稚園と小学校の一貫性を持たせた保育内容

④指導上の留意点の明確化

その後，『幼稚園教育要領』は，1964（昭和39）年に改訂，幼稚園教育の独自性を一層明確化，教育課程の編成についての基本的な考え方を示している。

1965（昭和40）年には，厚生省（現在の厚生労働省）により『保育所保育指針』が刊行された。『保育所保育指針』では，保育所保育の理念や保育内容，保育方法などを示すものとして作成されたが，あくまでもガイドラインであり，法的拘束力はないものだった。ただし，保育所の特性として「養護と教育を一体となって……」との記載されている。また，保育所保育における教育に関するものは，1964年に改訂された『幼稚園教育要領』に準じることが望ましいとされ，幼稚園教育との整合性が図られ作成されたものである。

3 『幼稚園教育要領』改訂および『保育所保育指針』改定

1948（昭和23）年に『保育要領』が刊行されてから，『幼稚園教育要領』およ

び『保育所保育指針』，『幼保連携型認定こども園教育・保育要領』はこれまでに
も表3－1のように改訂（改定）を経てきている。

これまでの『幼稚園教育要領』では「望ましい経験」を計画に取り入れる中で，
活動を中心とした考えや，それゆえに子ども主体ではなく保育者先導型の保育が
目立つようになっていった。このため，改訂の中でも特に，1989（平成元）年の
第2次改訂『幼稚園教育要領』では，「環境を通して行う教育」を幼稚園教育の
基本としている。保育内容の領域も，それまでの6領域から，子どもの発達に基
づき5領域へと変更している。5領域は「健康」「人間関係」「環境」「言葉」「表
現」とし，各領域が独立したものではなく，領域が相互に関わりながら総合的に

表3－1　『幼稚園教育要領』『保育所保育指針』『幼保連携型認定こども園教育・保育要領』の改訂（改定）の推移

西暦（和暦）	幼稚園教育要領	保育所保育指針	幼保連携型認定こども園 教育・保育要領
1948（昭和23）	保育要領刊行		
1952（昭和27）		保育指針刊行	
1956（昭和31）	幼稚園教育要領刊行		
1963（昭和38）	幼稚園と保育所の関係について （文部省・厚生省共同通達）		
1964（昭和39）	第1次改訂（告示）		
1965（昭和40）		保育所保育指針（通知）	
1989（平成1）	第2次改訂（告示）		
1990（平成2）		第1次改定（通知）	
1998（平成10）	第3次改訂（告示）		
1999（平成11）		第2次改定（通知）	
2006（平成18）	就学前の子どもに関する教育，保育等の総合的な提供の推進に関する法律		
2008（平成20）	第4次改訂（告示）	第3次改定（告示）	
2014（平成26）			幼保連携型認定こども園 教育・保育要領（告示）
2017（平成29）	第5次改訂（告示）	第4次改定（告示）	第1次改訂（告示）

指導がなされることを強調したものとなっている。

　その翌年に改定された『保育所保育指針』では，第2次改訂『幼稚園教育要領』と合わせ，教育的な側面として5領域を示している。

　これらの改訂（改定）が行われる理由には，子どもを取り巻く社会の変化があげられる。大人を取り巻く環境は子どもを取り巻く環境であり，子育て環境に大きな影響を与えることがイメージされる。改訂および改定時には社会の変化に伴い，変化する子どもの環境を見据えて，子どもの育ちに必要だと思われることを積極的に取り入れたり，強調したりしている。学校教育における子どもをめぐる問題が表面化したときには，学校教育において「生きる力」の育成を目指しており，「生きる力」の育成は『幼稚園教育要領』や『保育所保育指針』に反映されている。

　『幼稚園教育要領』改訂の1年後に『保育所保育指針』が改定される状況が1999（平成11）年まで続いていたが，2008（平成20）年に，『幼稚園教育要領』と『保育所保育指針』が同時に改訂（改定）された。また，同年改定の『保育所保育指針』は「通知」から「告示」となり，それまでの「ガイドライン」的なものから法的に定められたものとなっている。また，その後も『教育基本法』や『学校教育法』，『児童福祉法』の改正，小学校での小1プロブレムなどの課題となったことから幼児教育と小学校との滑らかな接続，保護者を取り巻く就労状況や孤独感など子育て環境の変化の課題などにより改訂（改定）していった。

　また，2006（平成18）年に『就学前の子どもに関する教育，保育等の総合的な提供の推進に関する法律』（認定こども園法）が制定，施行され，2014（平成26）年に『幼保連携型認定こども園教育・保育要領』が刊行され，高まる保育ニーズに柔軟に対応する制度が開始された。

　2017（平成29）年の改訂（改定）では，幼稚園・保育所・幼保連携型認定こども園という3つの施設において幼児教育のねらいと内容を共通のものとして示したこと，保育の計画においては幼稚園での「教育課程」，保育所での「保育課程」，幼保連携型認定こども園の「全体的な計画」という表現から，幼稚園・保育所・幼保連携型認定こども園で「全体的な計画」という共通の表現で示したことなど，保育の質向上を目指すものとなっている。

　以下，幼稚園・保育所・幼保連携型認定こども園の保育内容について，2017（平成29）年に示された要領および指針のポイントと合わせて示す。

2　幼稚園における保育内容

　『幼稚園教育要領』の第1章総則に示されているように，生涯にわたる人格形

成の基礎を培う重要なものが幼児期の教育であるため，幼稚園教育の基本は幼児期の特性をふまえ環境を通して行うものであると示されている。『幼稚園教育要領』の役割として，公の性質を有する幼稚園における教育水準を全国的に確保するものとし，その保育内容を「ねらい」と「内容」として示している。「ねらい」は幼稚園教育において育みたい資質・能力を幼児の生活する姿から捉えたものであり，「内容」はねらいを達成するために指導する事項である。各領域は，以下の５つであり，幼児の発達の側面からまとめ，示されている。

　『幼稚園教育要領』において５つの各領域に示すねらいは，幼稚園における生活の全体を通じ，幼児が様々な経験を積み重ねる中で相互に関連を持ちながら次

表３－２　『幼稚園教育要領』第２章ねらい及び内容

健康［心身の健康に関する領域］ ねらい　(1)　明るく伸び伸びと行動し，充実感を味わう。 　　　　(2)　自分の体を十分に動かし，進んで運動しようとする。 　　　　(3)　健康，安全な生活に必要な習慣や態度を身に付け，見通しをもって行動する。
人間関係［人との関わりに関する領域］ ねらい　(1)　幼稚園生活を楽しみ，自分の力で行動することの充実感を味わう。 　　　　(2)　身近な人と親しみ，関わりを深め，工夫したり，協力したりして一緒に活動する楽しさを味わい，愛情や信頼感をもつ。 　　　　(3)　社会生活における望ましい習慣や態度を身に付ける。
環境［身近な環境との関わりに関する領域］ ねらい　(1)　身近な環境に親しみ，自然と触れ合う中で様々な事象に興味や関心をもつ。 　　　　(2)　身近な環境に自分から関わり，発見を楽しんだり，考えたりし，それを生活に取り入れようとする。 　　　　(3)　身近な事象を見たり，考えたり，扱ったりする中で，物の性質や数量，文字などに対する感覚を豊かにする。
言葉［言葉の獲得に関する領域］ ねらい　(1)　自分の気持ちを言葉で表現する楽しさを味わう。 　　　　(2)　人の言葉や話などをよく聞き，自分の経験したことや考えたことを話し，伝え合う喜びを味わう。 　　　　(3)　日常生活に必要な言葉が分かるようになるとともに，絵本や物語などに親しみ，言葉に対する感覚を豊かにし，先生や友達と心を通わせる。
表現［感性と表現に関する領域］ ねらい　(1)　いろいろなものの美しさなどに対する豊かな感性をもつ。 　　　　(2)　感じたことや考えたことを自分なりに表現して楽しむ。 　　　　(3)　生活の中でイメージを豊かにし，様々な表現を楽しむ。

第に達成に向かうものであると示されている。つまり，領域それぞれが独立して成り立つものではなく，関連しあいながら子どもの育ちを目指すものであることから，各領域を別のものとして捉えることのないようにしたい。また，内容においても，幼児が環境に関わって展開する具体的な活動を通して総合的に指導されるものであることに留意するよう示されている。幼児教育においては，幼児の様々な経験の積み重ねが重視されていることから，保育者は何かをさせたり，一方的に教え込んだりなどの保育方法ではなく，遊びを通しての指導を中心とするものである。特に，1990（平成2）年の改訂時には，それまでの6領域から5領域へ変わったが，これは保育の目標等の考え方が大きく変わったものである。たとえば「〜ができる」などできるかできないかの到達目標として捉えるのではなく，意欲や態度など重視するように変わり，心を育むように示しており，現在の考え方にもつながっているものである。

　幼児教育においては，ねらいの表現は「楽しむ」や「味わう」，「〜とする」などのように示され，その後の教育の方向付けをするものであり，小学校教育のように「できるようにする」や「理解する」などの具体的な目標への到達を重視するものではない。幼児教育における「教育水準の確保」も小学校教育の準備のために行うものではなく，幼児の自発的な活動である遊びや生活のすべてを通して幼児期に育ってほしいと思われる姿が，その後の小学校の児童期につながっていくものと認識すべきだろう。学校教育の始まりである幼児教育は，生涯にわたる生きる力の基盤となるものであるため，乳幼児期からその後の学びにつながる「①知識及び技能」「②思考力，判断力，表現力等」「③学びに向かう力，人間性等」の3つの資質・能力の基礎を育成する場として幼児教育の場が重要であるとされており，それは幼稚園，保育所，認定こども園の3歳以上の幼児を対象とすることにおいても同様とされている。この3つの資質・能力は，各領域に示され

幼児教育において育みたい資質・能力
【知識・技能の基礎】 　遊びや生活の中で，豊かな体験を通じて，感じたり，気付いたり，分かったり，できるようになったりする
【思考力・判断力・表現力等の基礎】 　遊びや生活の中で，気付いたことや，できるようになったことなどを使い，考えたり，試したり，工夫したり，表現したりする
【学びに向かう力・人間性等】 　心情，意欲，態度が育つ中で，よりよい生活を営もうとする

るねらい及び内容に基づく活動全体を通して育まれるものである。

　幼児教育において育みたい資質・能力（3つの資質・能力）は，幼児教育だけでなく，その後の小学校教育，中学校や高等学校の教育へとつながって伸びていく資質・能力である。小・中・高の教科による指導とは異なり，幼児教育において育みたい資質・能力は，遊びや生活の中で総合的に育まれることが重要とされている。

　また，「健康」「人間関係」「環境」「言葉」「表現」の5領域の内容をふまえながら，幼児期の終わりまでに育ってほしい姿（10の姿）が示された。

①健康な心と体
②自立心
③協同性
④道徳性・規範意識の芽生え
⑤社会生活との関わり
⑥思考力の芽生え
⑦自然との関わり・生命尊重
⑧数量や図形，標識や文字などへの関心・感覚
⑨言葉による伝え合い
⑩豊かな感性と表現

　10の姿は，育みたい資質・能力が育まれている幼児の5歳児終了時の姿が示されている。幼児期の終わりまでに育ってほしい姿であるため，保育者の願いでもあるが，10の姿は幼児期の終了の到達目標として示されているのではないことを念頭に置きたい。育ちつつある姿を小学校教育につなげていくことが重要であり，幼児がどのように育っているのかを小学校と共通に認識し，その後の子どもの育ちに関しての指導に関わってくるものなのである。

3 『保育所保育指針』の保育内容

　保育所保育の保育内容は，『保育所保育指針』第2章保育の内容に示されている。保育所保育の目標は，「子どもが現在を最も良く生き，望ましい未来をつくり出す力の基礎を培うため」に養護的観点と教育的観点から示されている。その目標をより具体化したものが，『保育所保育指針』に示されるねらいであり，このねらいは，「子どもが保育所において，安定した生活を送り，充実した活動ができるように，保育を通じて育みたい資質・能力を，子どもの生活する姿から捉えたもの」であると示されている。また，内容は，ねらいを達成するために，子

どもの生活やその状況に応じて保育士等が適切に行う事項と，保育士等が援助して子どもが環境に関わって経験する事項を示している。

　保育所保育に関する基本事項では，保育所の特性として養護及び教育を一体的に行うこととしている。「養護」とは，生命の保持及び情緒の安定という人の生存に関わる権利であり，安心感を持って安全に過ごすことのできる生活を守るという基本を保障することである。また，乳幼児にとっては，愛情深く関わる身近な大人によって生命が守られ快適に過ごせることで，人への基本的な信頼感が形成され，その関係を基盤に人との関わりを広げることにつながっていく。『保育所保育指針』第2章には「養護」と「教育」について次のように記されている。ここでは教育に関わる側面からの視点での記載が主となっているが，あくまでも，実際の保育では養護と教育が一体となって展開されることに留意する必要があることを明記している。

養護	生命の保持および情緒の安定を図るために保育士等が行う援助や関わり
教育	子どもが健やかに成長し，その活動がより豊かに展開されるための発達の援助

　2008（平成20）年の前回の改定時から，特に3歳未満児の保育所保育の重要性が増している。そのため，新指針では「第2章保育の内容」を大きく変更し，「乳児」「1歳以上3歳未満児」「3歳以上児」の3年齢に区分している。2008（平成20）年の前回の改定時には記載されていた「子どもの発達」が章としてはなくなっているが，新指針ではそれぞれの年齢区分における成長の特徴を「基本的事項」（各時期における発達の特徴や道筋を示し，養護と教育の一体的な展開について示している）として詳細に記載する内容となっている。保育内容の展開上，乳幼児の発達の姿を捉えることが重要となるため，乳幼児の発達理解のもとに保育内容を展開したい。

　現在，就学前の子どもが過ごす場所として保育所等を利用する乳幼児および保育所等利用児童数は増加している。これには，乳幼児の育児をする母親の就労増加や共働き家庭の増加や長時間労働などの理由によるものと推察される。特に3歳未満児の利用児童数は利用児童数全体の中でも増加しており，子育て世帯を取り巻く社会環境を考えると，今後も3歳未満児の利用希望は増加していくことが推察される。

　これからの利用希望増加に伴い，懸念されるのが保育の質である。3歳未満児の保育の質向上を目指し，2017（平成29）年に改定された『保育所保育指針』では，3歳未満児の保育を重要視し，「第2章保育の内容」を大幅に変更している。

3章　幼稚園，保育所，幼保連携型認定こども園の保育内容

1 乳児保育に関わるねらい及び内容

　乳児保育の3つの視点については下記の表のように示されている。2017（平成29）年の『保育所保育指針』では，乳児保育と1歳以上3歳未満児の保育の記述が充実されている。これまで『幼稚園教育要領』同様に5つの領域によって示されていた保育内容は，乳児を含む3歳未満児の育ちにそのままで活用することは難しいため，0・1・2歳に対応するようになされている。2008（平成20）年の前回の改定時と比較すると，保育所の3歳未満児利用率が大幅に増え，3歳未満児の保育の重要性が増していることは前述のとおりである。また，3歳未満児の保育を行う場の保育環境も多様化（小規模保育，家庭的保育など）しているため，保育の質の確保や向上を行う意味からも記述を充実させたものである。乳児期は，感覚や運動機能が著しく発達し，保護者や保育者など身近な特定の大人との信頼関係を構築する重要な時期であり，愛情豊かに応答的に関わる大人の存在が必要とされる時期である。乳児保育の3つの視点は，5領域を大きく3つにくくったものであり，3つの視点で保育を評価するものが示されている。3つの視点は5領域の前の未分化な視点であり，1歳以上からの5領域とまったく別のものではなくその後の5領域へとつながるものとなるものである。「ア　健やかに伸び伸びと育つ」の視点は，その後の健康の領域とつながっていくものであり，「イ

表3－3　乳児保育に関わるねらい及び内容

ア　健やかに伸び伸びと育つ ［健康な心と体を育て，自ら健康で安全な生活をつくり出す力の基盤を培う。］ ねらい　（1）　身体感覚が育ち，快適な環境に心地よさを感じる。 　　　　（2）　伸び伸びと体を動かし，はう，歩くなどの運動をしようとする。 　　　　（3）　食事，睡眠等の生活リズムの感覚が芽生える。
イ　身近な人と気持ちが通じ合う ［受容的・応答的な関わりの下で，何かを伝えようとする意欲や身近な大人との信頼関係を育て，人と関わる力の基盤を培う。］ ねらい　（1）　安心できる関係の下で，身近な人と共に過ごす喜びを感じる。 　　　　（2）　体の動きや表情，発声等により，保育士等と気持ちを通わせようとする。 　　　　（3）　身近な人と親しみ，関わりを深め，愛情や信頼感が芽生える。
ウ　身近なものと関わり感性が育つ ［身近な環境に興味や好奇心をもって関わり，感じたことや考えたことを表現する力の基盤を培う。］ ねらい　（1）　身の回りのものに親しみ，様々なものに興味や関心をもつ。 　　　　（2）　見る，触れる，探索するなど，身近な環境に自分から関わろうとする。 　　　　（3）　身体の諸感覚による認識が豊かになり，表情や手足，体の動き等で表現する。

身近な人と気持ちが通じ合う」の視点は，その後の人間関係と言葉の領域へとつながっていくことや，「ウ　身近なものと関わり感性が育つ」の視点は，その後の環境と表現の領域につながっていくと考えられ，どの視点も5領域へとつながることが推察される。乳児保育の後の1歳以上3歳未満児の5領域へとどのようにつながるか考察し，保育内容を見通すことも必要とされるだろう。

２ 1歳以上3歳未満児の保育に関わるねらい及び内容

　乳児保育と同様に，1歳以上3歳未満児の保育の対象年齢も，年齢によって区切られたり均一的であったりする基準ではなく，おおむねの育ちでの捉え方であることが大切であり，一人ひとりの子どもの育ちを丁寧に支えることが必要である。この時期は，基本的な運動機能が次第に発達し，排泄の自立のための身体的機能も整うようになる。指先の機能も発達し食事や衣類の着脱なども保育士の援助の下で自分で行うようになる時期である。また自分の意志や欲求も言葉で表出しようとする。このような発達の特徴を持つ時期は，3歳以上児と同様に5領域の視点によって『保育所保育指針』に記述されている。しかし，1歳以上3歳未満児の発達の特徴から関わりに丁寧さを要することも考慮された記述となっている。このように自分でできることが増える時期でもあることから，保育士は子ども自らがその生活を自分のものにしようとしていることを支え，安定した生活となるよう援助することが求められる。また，保育者との関係を基盤に他の子どもとの関係を形成しようとする時期でもあるため，保育士は適切に子ども同士の関係の仲立ちをしながら支えるようにする。子どもの自分でしようとする気持ちを尊重し，温かく見守るとともに愛情豊かに応答的に関わる保育士の存在が大きな影響を与える時期である。

　表3－4は，1歳から3歳未満児と3歳以上児の保育内容の「ねらい」の記述を比較したものである。下線部分の表現の違いから，保育内容でどのような点に配慮が必要なのかを考えてみよう。

３ 3歳以上児に関わるねらい及び内容

　3歳以上児に関しては，幼稚園や幼保連携型認定こども園と同様に教育の場であることを強調しているため，『保育所保育指針』『幼稚園教育要領』『幼保連携型認定こども園教育・保育要領』は，3歳以上児の保育内容の整合性を図っている。したがって，『保育所保育指針』「第2章保育の内容」は，『幼稚園教育要領』「第2章ねらい及び内容」と同様のものになっている。

3章　幼稚園，保育所，幼保連携型認定こども園の保育内容

表3－4　領域別にみる表記比較

領域	1歳以上3歳未満児	3歳以上児
健康	①明るく伸び伸びと生活し，自分から体を動かすことを楽しむ。 ②自分の体を十分に動かし，様々な動きをしようとする。 ③健康，安全な生活に必要な習慣に気付き，自分でしてみようとする気持ちが育つ。	①明るく伸び伸びと行動し，充実感を味わう。 ②自分の体を十分に動かし，進んで運動しようとする。 ③健康，安全な生活に必要な習慣や態度を身に付け，見通しをもって行動する。
人間関係	①保育所での生活を楽しみ，身近な人と関わる心地よさを感じる。 ②周囲の子ども等への興味や関心が高まり，関わりをもとうとする。 ③保育所の生活の仕方に慣れ，きまりの大切さに気付く。	①保育所の生活を楽しみ，自分の力で行動することの充実感を味わう。 ②身近な人と親しみ，関わりを深め，工夫したり，協力したりして一緒に活動する楽しさを味わい，愛情や信頼感をもつ。 ③社会生活における望ましい習慣や態度を身に付ける。
環境	①身近な環境に親しみ，触れ合う中で，様々なものに興味や関心をもつ。 ②様々なものに関わる中で，発見を楽しんだり，考えたりしようとする。 ③見る，聞く，触るなどの経験を通して，感覚の働きを豊かにする。	①身近な環境に親しみ，自然と触れ合う中で様々な事象に興味や関心をもつ。 ②身近な環境に自分から関わり，発見を楽しんだり，考えたりし，それを生活に取り入れようとする。 ③身近な事象を見たり，考えたり，扱ったりする中で，物の性質や数量，文字などに対する感覚を豊かにする。
言葉	①言葉遊びや言葉で表現する楽しさを感じる。 ②人の言葉や話などを聞き，自分でも思ったことを伝えようとする。 ③絵本や物語等に親しむとともに，言葉のやり取りを通じて身近な人と気持ちを通わせる。	①自分の気持ちを言葉で表現する楽しさを味わう。 ②人の言葉や話などをよく聞き，自分の経験したことや考えたことを話し，伝え合う喜びを味わう。 ③日常生活に必要な言葉が分かるようになるとともに，絵本や物語などに親しみ，言葉に対する感覚を豊かにし，保育士等や友達と心を通わせる。
表現	①身体の諸感覚の経験を豊かにし，様々な感覚を味わう。 ②感じたことや考えたことなどを自分なりに表現しようとする。 ③生活や遊びの様々な体験を通して，イメージや感性が豊かになる。	①いろいろなものの美しさなどに対する豊かな感性をもつ。 ②感じたことや考えたことを自分なりに表現して楽しむ。 ③生活の中でイメージを豊かにし，様々な表現を楽しむ。

41

4 すべての年齢に関することについて

年齢を超えて関わる事項として，次のようなことが考えられる。

①保育全般に関わること

②小学校との連携

③家庭及び地域社会との連携

保育所は，長い時間を過ごす生活の場としての機能を持つ児童福祉施設のため，乳幼児がくつろいで過ごすことのできる時間と空間を考慮した保育内容であることや，家庭等との連携を考慮した保育内容の充実が求められる。

また，小学校との接続を考慮した小学校との連携の中で，小学校以降の生活や学習の基盤が保育所保育で培われることを考慮して，幼児にふさわしい生活ができるようにすることが求められており，保育内容の展開につなげることができるようにすることが大切である。。

4 幼保連携型認定こども園における保育内容

幼稚園，保育所の枠を超えた，親の就労形態を問わない小学校就学前の保育および幼児教育の施設として，認定こども園は増加している。新設の施設というよりは既存の施設から認定こども園に移行する施設が増加してきたが，認定こども園の最大の目的であった待機児童ゼロはいまだに達成していない。そのため，新規施設として認定こども園が増加している状況にもある。幼保連携型認定こども園においては，年齢区分を保育所と同様に3つの年齢区分としており，「乳児期」「満1歳以上満3歳未満児」「満3歳以上」と示されている。

幼保連携型認定こども園の保育内容では，3歳以上児では幼児教育として幼稚園や保育所と同様の内容とし，3歳未満児においても「乳児」「1歳以上3歳未満児」として『保育所保育指針』と同様の記載となっている。

しかしながら，幼保連携型認定こども園では，3歳未満児から入所している乳幼児と3歳以上で入所する幼児とが一緒に保育をスタートするときのことを考慮して，3歳未満児と3歳以上児の接続を意識した保育内容を展開することが求められる。

【参考文献】

文部科学省『幼稚園教育要領解説』フレーベル館，2018

厚生労働省『保育所保育指針解説』フレーベル館，2018

内閣府・文部科学省・厚生労働省『幼保連携型認定こども園教育・保育要領解説』フレーベル館，2018

太田光洋編著『保育内容の理論と実践―保育内容を支える理論とその指導法―』保育出版会，2018

無藤隆監修『イラストたっぷりやさしく読み解く幼稚園教育要領ハンドブック』学研，2017

汐見稔幸監修『イラストたっぷりやさしく読み解く保育所保育指針ハンドブック』学研，2017

無藤隆監修『イラストたっぷりやさしく読み解く幼保連携型認定こども園教育・保育要領ハンドブック』学研，2017

大橋喜美子編著『新時代の保育双書　乳児保育第3版』みらい，2018

大橋喜美子編著『子ども環境から考える保育内容』北大路書房，2009

CHS子育て文化研究所『見る・考える・創り出す乳児保育―養成校と保育室をつなぐ理論と実践―』萌文書林，2002

第4章

保育内容の基本構造

■ 保育の内容とその構造について理解しよう。
■ 子どもの発達過程をふまえ，ねらい及び内容を理解しよう。
■ 子ども主体の保育を行うために，養護と教育について理解しよう。

1 保育内容の基本構造

1 「保育の内容」とは何か

（1）「保育の内容」の構成

　表4－1は，「保育の内容」の構成を『保育所保育指針』をもとに示している。そもそも，「保育の内容」とは何かというと，子どもが毎日園で行っている自由遊びやクラス活動，行事，食事，午睡などすべての生活といえる。それらは，漠然とした偶発的なものではなく，保育者が子ども一人ひとりの育ちに必要と考えられる経験や内容を計画していくのである。当然ながら，子どもの生活はすべてが保育者の計画通りの内容ではなく，子どもが自発的に始めたこと，取り組んでいることをも含んでいる。つまり，乳幼児期の子どもの発達に必要で子ども自身が取り組む経験や内容を「保育の内容」としているのである。

　また，表4－1の年齢区分に示されているように，保育所では0歳から始まり毎年1歳ずつ年齢を積み重ねていく。幼稚園では，同様に3歳から始まりその後毎年1歳ずつ年齢を積み重ねていく。このことは，あまりにも当たり前すぎて意識することなどはない。しかし，この年齢は積み重なっていくことを改めて意識することは，「保育の内容」を捉える上で重要な視点となる。なぜなら，子どもが園で行うすべての生活も，日々の積み重ねだからである。

表4－1　保育の内容の構成

年齢区分	保育のねらい及び内容
5歳児	5領域（健康・人間関係・環境・言葉・表現） ねらい：15　内容：53　内容の取扱い：25
4歳児	
3歳児	
1歳以上 3歳未満児	5領域（健康・人間関係・環境・言葉・表現） ねらい：15　内容：32　内容の取扱い：17
乳児	3つの視点（健やかに伸び伸びと育つ・身近な人と気持ちが通じ合う・身近なものと関わり感性が育つ） ねらい：9　内容：15　内容の取扱い：6
	養護に関わるねらい及び内容 ねらい：8　内容：8

つまり，人の発達が0歳からの積み重ねであるように，「保育の内容」も積み重ねられていくことで発達段階にふさわしい経験となり，望ましい育ちへとつながっていくのである。たとえば，0歳児はティッシュをつまみ出すことを覚え，引っ張ることで次にまた何かが出てくる体験を楽しむことがよくある。この活動からは，予見する期待感，予見したことがその通りに実現する満足感，指先の発達などが促される。自ら絵本をめくり次のページを楽しむ行動などは，このティッシュのつまみ出しがもとになっていると言っても良いのではないだろうか。

発達とは，大まかであったものがだんだんと分化し，機能が増し，技術が身につき，イメージや行動が具体的になっていくプロセスである。保育の内容も同様に，年齢ごとに行動や活動が区分されているのではなく，すべての行動や活動はつながっており，一つひとつの体験が積み重なって次の体験を生み出し，より充実した生活を構成するものとなるのである。

（2） 生き生きとした生活

前項で，「保育の内容」は子どもが園で行うことすべてである，つまり，園生活そのものを指すとした。保育の現場では，生活という言葉はよく耳にする言葉であるが，そもそも生活とは何だろうか。辞書には，『①暮らしていること。暮らしていくこと。②生きて活動すること。③暮らしを支えているもの。生計。』（大辞林　第三版）とあるが，これは一人の人間の生活である。保育現場においては，子どもたちは集団で生活をしているため，行為としては『②生きて活動すること』であるが，その際，時間と空間を多数の友だちと保育者と共に共有していることが特徴的となる。

倉橋惣三は，その著書の中で『私はいつもよく，生活を生活で生活へ，という何だか呪文のようなことを言っています。』（「幼稚園真諦」）と記しているが，それは，保育現場では子どもの「さながらの生活」を大切にしなくてはならないということである。つまり，子どもの自発的な生活を尊重するということである。言い換えると，子どものあるがままの（その年齢や個性に即した）生活を，他者と関わり合いながら子ども自身の手で工夫し，より豊かな生活へと高めていくことこそ，集団保育現場における子どもの生活といえるのである。

子どもが，自分に合った無理のない生活を主体的に営むということは，自分らしく生活をするということである。自分らしくその場に存在することができるということは，自ずと生き生きとした生活を送ることができよう。家庭とは違う場において，自分の居場所があり，能動的に関わることができる人，物，ことの環境の中で自己実現を果たしてこそ，生き生きしさに溢れた生活といえるのである。

（3） 集団の中での様々な活動

保育現場では，様々な活動が行われている。食事や排泄，午睡，衣服の着脱な

どの生活的活動，自由に遊ぶ自発的活動，保育者が設定する課業的活動や行事，その他にも当番や保育者の手伝いなど，実に多種多様な活動によって子どもの生活が構成されている。この"多種多様"ということが大事なのである。

　0歳児は，食事や排泄，着脱などは保育者から促され手をかけられて行うことがほとんどである。ある意味受身的な活動が多いのだが，その繰り返しの中で，行為や保育者の関わりに興味を持ち，促されてする行為ではなく能動的に関わろうとするようになる。能動的な姿勢により模倣が多くなるが，それはまねることを目的としているではなく自分でするということの意思表示である。食べさせてもらうのではなく自分でスプーンや箸を使って食事をし，おむつをするのではなく自分でトイレに行き排泄をし，汚れたり午睡前などには自分で着脱をすることが当たり前になると，自分でやるという意思もさらに明確になってくる。

　自分でやる意思が強くなっていくときに，自由に遊べる場と時間があり，遊び込んでいる仲間がいて，保育者からの興味を引く提案があったりお手伝いを頼まれたり，運動会や発表会，お誕生日会などの行事を体験することで，子どもは，生活の主体者となっていくのである。子どもは，多種多様な刺激がある生活の中で蓄えた能動性を発揮し，環境へ自ら関わり，主体的な生活を送ることでより豊かな生活の創作者となっていくのである。

（4）　生活を支える保育者

　子どもたちの主体的な生活は，保育者による環境の構成，活動の準備，ピアノを弾いたり，子どもと共に絵を描いたり，何かを創ったり，体を動かしたりする自らの活動，また，日々の記録と振り返り，計画の見直しなどで支えられている。子どもにとっては，保育者が共に生活をしながら寄り添い共感し理解しようとする関わりが自立を促すことになる。その保育者との信頼関係を基盤として自己を拡大し，生活の主体者として人的，物的，自然，すべての環境に能動的に関わり，自らの生活をより豊かなものへと高めていくことができるのである。

　2008（平成20）年告示の『保育所保育指針』からは，保育所保育についての定義として「家庭養育の補完」という文言がなくなっている。それは，保育所における保育の意味を，ただの預かりではないと規定しているからである。だからこそ，専門職である保育者は，先を見通して計画を立て，準備をし，実践し，その結果・成果を考察し，自分自身の在り様をも含めて省察し，計画を見直し，次の実践へとつなげていくことを繰り返すこと，つまり，PDCA（Plan-Do-Check-Action）サイクルを行わなくてはならないのである。しかし，保育現場の生活の主体は子どもである。決して，保育者が中心となってはいけない。

　一人ひとりの子どもがその子らしく自らの生活を営むとき，保育者の支えが生きてくるのである。

4章 保育内容の基本構造

2 養護と教育

（1） 養護と教育の一体性

　森上（2013）は，「保育とは，養護と教育を一体として行う営みである。」とし，「養護と教育」と言わず「保育」という独立した単語を用いることに意味があるとした。「保育」を英語で表すと Care And Education となるが，「And」で示すと養護と教育を単純に足し算した結果と誤解され，保育現場において，養護の時間と教育の時間といった分離がなされてしまう。これは「一体的に行う」ことから遊離してしまい，本来の「保育」の営みではなくなってしまうことになる。

　では，「一体的に行う」とはどのようなことなのか，おむつ交換の場面で考えてみよう。まだ寝返りをしない乳児の場合，おむつ交換台もしくは床に寝かせ，お尻を拭き，新しいおむつに交換する。この身辺の清潔を保つ行為は，養護的関わりである。しかし，このようにおむつを交換する際に，保育者は無言でその行為だけを行っているだろうか。決してそうではない。お尻を拭くときには「あらあら，たくさんウンチが出てたね」「気持ち悪かったねえ，ごめんね」「キレイキレイしましょ」「はい，ふきふきねえ」などと言い，おむつの交換を終えたら「さあ，きれいになりました，気持ちいいね」とか言いながら抱っこしたりする。この言葉をかけながらのおむつ交換や嬉しそうに抱くという行為は，乳児には大事な意味をもたらすことになる。

　乳児へ言葉をかけながらおむつを交換することは，乳児が自分の身辺に起きている事象とその事象を起こしている人を意識することになる。そして，その行為は常に身体に触れながら行われることで，感覚的にも捉えることができる。つまり，乳児自身が自分に起きていることを認識し，そこに何らかの思いを持つとしたら，その行為は教育的関わりといっていいのではないだろうか。自分に向けられる言葉から大人の自分への思いを感じ取り，自分を世話する大人への信頼感を持つようになることは，コミュニケーションの原型を育んでいることである。先の育ちに期待を持つ，つまり，ねらいを持って関わるという行為は教育そのものといえるのではないだろうか。だからといっておむつ交換のときの行為は，養護的行為と教育的行為に明確に分けることはできない。この混然とした行為が，養護と教育の一体性といえるのである。

（2） 養護に関する内容

　『保育所保育指針』（2017年告示）では，「第1章　総則」に「2　養護に関する基本的事項」として示されている。2017年までの『保育所保育指針』では，「第3章　保育の内容」に「1. 保育のねらい及び内容　(1)養護に関わるねらい及び内容」として示されていた。このように，これまでは保育の内容の一部として位置づけられていたものが，総則に記載されたということは，養護は保育の原理と

49

して保育を行う上での基盤であることを意味している。

> 2　養護に関する基本的事項
> (1)　養護の理念
> 　保育における養護とは，子どもの生命の保持及び情緒の安定を図るために保育士等が行う援助や関わりであり，保育所における保育は，養護及び教育を一体的に行うことをその特性とするものである。保育所における保育全体を通じて，養護に関するねらい及び内容を踏まえた保育が展開されなければならない。

　「養護の理念」では，養護を『子どもの生命の保持及び情緒の安定を図るために保育士等が行う援助や関わり』と規定しており，保育所保育の特性として，『養護及び教育を一体的に行うこと』としている。また，養護に関するねらい及び内容は，『保育所における保育全体を通じて』展開する，つまり，保育所における生活全般の基盤とすることとしているのである。

　では，「生命の保持」と「情緒の安定」のねらいと内容はどのようになっているのだろうか。表４－２に示したように，ねらいと内容はそれぞれ４項目ずつとなっている。ねらいにおいては，８項目すべて「一人ひとりの子ども」という文言で始まり，個別性を重視していることが分かる。集団保育の場において一人ひとりの子どもに注視し，それぞれに応じて関わりを考え，個々の安定を図ることこそが養護であるといえるのである。

　また，「生命の保持」と「情緒の安定」は明確に区分することは難しい。ねらいでは，『自分の気持ちを安心して表すことができる（情緒の安定）』ことは『快適に生活できる（生命の保持）』ことであり，『生理的欲求が，十分に満たされる（生命の保持）』ことは『安定感をもって過ごせ（情緒の安定）』，『くつろいで共に過ごし，心身の疲れが癒される（情緒の安定）』ことになる。

(3)　教育について

　倉橋惣三は，「教育とは，対象を目的に引っ張るものではない。しかし，目的なしの教育はありえない」とした。『幼稚園教育要領』では「第1章　総則」の「第1　幼稚園教育の基本」と「第3　教育課程の役割と編成等」に「1　教育課程の役割」と「2　各幼稚園の教育目標と教育課程の編成」に幼稚園教育の目標の捉え方について示されている。『保育所保育指針』では，「第1章　総則」の「1　保育所保育の基本原則」に「(2)　保育の目標」として明示され，『幼保連携型認定こども園教育・保育要領』では「第1章　総則」の「第1　幼保連携型認定こども園における教育及び保育の基本及び目標等」に「2　幼保連携型認定こども園における教育及び保育の目標」として明示されている。いずれも，「第1

50

4章 保育内容の基本構造

表4−2 養護に関するねらい及び内容（平成29年告示『保育所保育指針』より）

	生命の保持	情緒の安定
ねらい	①一人一人の子どもが，快適に生活できるようにする。 ②一人一人の子どもが，健康で安全に過ごせるようにする。 ③一人一人の子どもの生理的欲求が，十分に満たされるようにする。 ④一人一人の子どもの健康増進が，積極的に図られるようにする。	①一人一人の子どもが，安定感をもって過ごせるようにする。 ②一人一人の子どもが，自分の気持ちを安心して表すことができるようにする。 ③一人一人の子どもが，周囲から主体として受け止められ，主体として育ち，自分を肯定する気持ちが育まれていくようにする。 ④一人一人の子どもがくつろいで共に過ごし，心身の疲れが癒されるようにする。
内容	①一人一人の子どもの平常の健康状態や発育及び発達状態を的確に把握し，異常を感じる場合は，速やかに適切に対応する。 ②家庭との連携を密にし，嘱託医等との連携を図りながら子どもの疾病や事故防止に関する認識を深め，保健的で安全な保育環境の維持及び向上に努める。 ③清潔で安全な環境を整え，適切な援助や応答的な関わりを通して子どもの生理的欲求を満たしていく。また，家庭と協力しながら，子どもの発達過程等に応じた適切な生活のリズムがつくられていくようにする。 ④子どもの発達過程等に応じて，適度な運動と休息を取ることができるようにする。また，食事，排泄，衣類の着脱，身の回りを清潔にすることなどについて，子どもが意欲的に生活できるよう適切に援助する。	①一人一人の子どもの置かれている状態や発達過程などを的確に把握し，子どもの欲求を適切に満たしながら，応答的な触れ合いや言葉がけを行う。 ②一人一人の子どもの気持ちを受容し，共感しながら，子どもとの継続的な信頼関係を築いていく。 ③保育士等との信頼関係を基盤に，一人一人の子どもが主体的に活動し，自発性や探索意欲などを高めるとともに自分への自信をもつことができるよう成長の過程を見守り，適切に働きかける。 ④一人一人の子どもの生活のリズム，発達過程，保育時間などに応じて，活動内容のバランスや調和を図りながら，適切な食事や休息が取れるようにする。

章　総則」に目標について記されていることは，幼児教育を行う施設としては当然のことともいえる。

　この目標を具体化したものとして，『幼稚園教育要領』では「第2章　ねらい及び内容」，『保育所保育指針』では「第2章　保育の内容」，『幼保連携型認定こども園教育・保育要領』では「第2章　ねらい及び内容並びに配慮事項」にねらいが示され，ねらいを達成するために行う事項として内容が示されている。

③ ねらいと内容

　「ねらい」とは，先述したように掲げた目標を具体化したものであり，「内容」とは，その「ねらい」を達成するために行う事項である。これまで，保育の内容

51

は0歳から5歳まで5領域で表されてきた。3歳以上では、『幼稚園教育要領』
『保育所保育指針』『幼保連携型認定こども園教育・保育要領』共にこれまで同様
に5領域で示されており、さらに表記はすべて同じとなっている。また、同じよ
うな表記となっているのは「ねらい」及び「内容」だけではなく、これまで『保
育所保育指針』には記載されていなかった「内容の取扱い」も同様に記載されて
いる。それは、子どもがどこに在籍しても同じ教育を受けることができるという
こと、つまり、幼稚園と保育所、認定こども園で行われる保育は同じであるとい
うことを表している。

　では、3歳未満児ではどうだろうか。表4-1にあるように、今回の改定では
乳児と1歳以上3歳未満児とに年齢で区分されて示されている。

　乳児では、発達段階を考慮し、領域ではなく3つの視点で発達を捉えることと
された。3つの視点とは、身体的発達に関する視点として「健やかに伸び伸びと
育つ」、社会的発達に関する視点として「身近な人と気持ちが通じ合う」、精神的
発達に関する視点として「身近な物と関わり感性が育つ」である。これら3つの
視点は、乳児期だけの独立した視点ではなく、すべて5領域とつながっているも
のである。むしろ、5領域の基礎ともいうべき視点でもある。「健やかに伸び伸
びと育つ」は「健康」へつながり、「身近な人と気持ちが通じ合う」は「人間関
係」と「言葉」へつながり、「身近な物と関わり感性が育つ」は「環境」と「表
現」へとつながっていくのである。まだ自立歩行ができない乳児と自分の体をあ
る程度自由に操れる幼児とでは、体を動かしてできることは違ってくる。言葉を
話さない段階と言葉で意思を表現できる段階では、周囲との関わり方や思索の在
り方が違ってくる。手全体で物を捉えている段階と指先が発達し、力加減をコン
トロールできる段階とでは、物への操作の仕方が変わってくる。つまり、乳児は
まだ発達が未分化な段階であるから発達を捉える視点を大まかにする必要がある。

　ねらいを項目の数で見てみると、3つの視点と1歳以上3歳未満の5領域、3
歳以上の5領域、すべて3項目となっている。しかし、内容の項目数は、年齢が
上がるにつれて増えている（表4-1参照）。このことは、育ての方向は変わら
ないが発達するにつれ手段が増えていくということである。目的地へ行くのに、
足元を何度も何度も踏みしめたり、回り道をしてみたり、敢えて別の道を探した
り、それでも目的地に到達できること、それが発達であるといえよう。

2　幼児期の終わりまでに育ってほしい姿

　2017年告示の『幼稚園教育要領』『保育所保育指針』『幼保連携型認定こども園
教育・保育要領』には、「育みたい資質・能力」として「知識及び技能の基礎」、

「思考力，判断力，表現力等の基礎」，「学びに向かう力，人間性等」という3つの柱が示された。これら3つの柱は，幼児教育で育み完成させるものではなく，小学校以降の教育の土台となるべくものである。幼児教育においては，その後の教育の「基礎」を育むことが重要である。土台がしっかりと築かれていれば，その上に積み重ねていく力は様々な可能性が期待されるからである。「育みたい資質・能力」は，小学校以降の教科学習等により「知識及び技能」「思考力，判断力，表現力等」「学びに向かう力，人間性等」へと発展していく。

　「幼児期の終わりまでに育ってほしい姿」とは，5歳児後半までに5領域に示されたねらいを達成した子どもの姿である。しかし，10項目の中に記載されている表現は，「○○ができる」「○○ができるようになる」ではなく「○○になる」となっている。この表記の在り方は，保育の主体は子どもであるという幼児教育の根幹を示しており，保育の実際を今回示された「幼児期の終わりまでに育ってほしい姿」に向けて構成していくものではないことを表している。この「10の姿」は，乳児期からの望ましい保育内容の積み重ねによって培われていくものであり，自分の生活を主体的に生きていく子どもの姿なのである。この「10の姿」を，保育者が幼児教育のゴールと考えることは誤りである。そこに子どもを向かわせることは保育者主導の保育となり，倉橋惣三が言う「教育とは，対象を目的に引っ張るものではない。」ということに反することとなる。

　この「幼児期の終わりまでに育ってはしい姿」は，保育の実際が保育者主導型にならないためにも項目ごとに丁寧に読み，解釈し吟味していくことが必要である。項目の中には，「自分の」，「自分で」，「自分が」，「自ら」といった文言が出てくる。これらの文言の意味を大切にすることは，乳児期からの発達の積み重ねを個別に捉え，確実にしていくことなのである。

表4-3 幼児期の終わりまでに育ってほしい姿（10の姿）　※『幼稚園教育要領』より

①健康な心と体	幼稚園生活の中で，充実感をもって自分のやりたいことに向かって心と体を十分に働かせ，見通しをもって行動し，自ら健康で安全な生活をつくり出すようになる。
②自立心	身近な環境に主体的に関わり様々な活動を楽しむ中で，しなければならないことを自覚し，自分の力で行うために考えたり，工夫したりしながら，諦めずにやり遂げることで達成感を味わい，自信をもって行動するようになる。
③協同性	友達と関わる中で，互いの思いや考えなどを共有し，共通の目的の実現に向けて，考えたり，工夫したり，協力したりし，充実感をもってやり遂げるようになる。
④道徳性・規範意識の芽生え	友達と様々な体験を重ねる中で，してよいことや悪いことが分かり，自分の行動を振り返ったり，友達の気持ちに共感したりし，相手の立場に立って行動するようになる。また，きまりを守る必要性が分かり，自分の気持ちを調整し，友達と折り合いを付けながら，きまりをつくったり，守ったりするようになる。
⑤社会生活との関わり	家族を大切にしようとする気持ちをもつとともに，地域の身近な人と触れ合う中で，人との様々な関わり方に気付き，相手の気持ちを考えて関わり，自分が役に立つ喜びを感じ，地域に親しみをもつようになる。また，幼稚園内外の様々な環境に関わる中で，遊びや生活に必要な情報を取り入れ，情報に基づき判断したり，情報を伝え合ったり，活用したりするなど，情報を役立てながら活動するようになるとともに，公共の施設を大切に利用するなどして，社会とのつながりなどを意識するようになる。
⑥思考力の芽生え	身近な事象に積極的に関わる中で，物の性質や仕組みなどを感じ取ったり，気付いたりし，考えたり，予想したり，工夫したりするなど，多様な関わりを楽しむようになる。また，友達の様々な考えに触れる中で，自分と異なる考えがあることに気付き，自ら判断したり，考え直したりするなど，新しい考えを生み出す喜びを味わいながら，自分の考えをよりよいものにするようになる。
⑦自然との関わり・生命尊重	自然に触れて感動する体験を通して，自然の変化などを感じ取り，好奇心や探究心をもって考え言葉などで表現しながら，身近な事象への関心が高まるとともに，自然への愛情や畏敬の念をもつようになる。また，身近な動植物に心を動かされる中で，生命の不思議さや尊さに気付き，身近な動植物への接し方を考え，命あるものとしていたわり，大切にする気持ちをもって関わるようになる。
⑧数量や図形，標識や文字などへの関心・感覚	遊びや生活の中で，数量や図形，標識や文字などに親しむ体験を重ねたり，標識や文字の役割に気付いたりし，自らの必要感に基づきこれらを活用し，興味や関心，感覚をもつようになる。
⑨言葉による伝え合い	先生や友達と心を通わせる中で，絵本や物語などに親しみながら，豊かな言葉や表現を身に付け，経験したことや考えたことなどを言葉で伝えたり，相手の話を注意して聞いたりし，言葉による伝え合いを楽しむようになる。
⑩豊かな感性と表現	心を動かす出来事などに触れ感性を働かせる中で，様々な素材の特徴や表現の仕方などに気付き，感じたことや考えたことを自分で表現したり，友達同士で表現する過程を楽しんだりし，表現する喜びを味わい，意欲をもつようになる。

3 「領域」とは何か

　子どもは，丸ごと，総合的に育っていくものである。しかし，「丸ごと」や「総合的」などの視点は非常に曖昧で，子どもの育ちを保障するために，何が，どの程度育っているのか，または，どの部分が育っていないのかを明確にすることは難しい。そのために，視点を定め子どもの育ちを明確に捉えることが必要となる。それが「発達を捉える窓口」であり，領域である。また，乳児期の育ちを捉える3つの視点は，図4－1にあるように5領域と重なるものであり，別のものではない。子どもの育ちは，まず，3つの視点で捉えられる。そして，生活を営む中で資質や能力が育まれてできることが増え，自己を拡大していく。広がりを見せた子どもの自己は，3つの視点で捉えるには範囲が広く捉えきれない部分が多くなってくる。そこで視点も分化し，5つの窓口から子どもの発達していく姿を捉えようとするのが領域である。

　2017年告示の『保育所保育指針』には，1歳以上3歳未満児の保育内容が5領域で示されている。このことは，間違えた解釈をしないように気を付けたい。子どもの発達が積み重ねであるということは当然のことであるが，常にこの"積み重ね"という視点を忘れてはならない。1歳以上3歳未満児の内容が32項目であるのに対し，3歳以上児の内容は53項目となっている。(表4－1参照) このこ

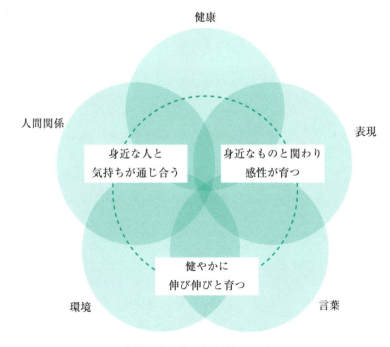

図4－1　3つの視点と5領域

とは，53項目を凝縮して32項目にしたのではなく，発達していくことにより32項目が53項目に分化しているのである。発達は，あくまでも下からの積み上げであって上から降りてくるものではない。だから，幼児教育から小学校教育へとつながっていくものであり，幼児教育で行う内容は，小学校教育からおろしてくるものではないということを肝に銘じておきたい。

【参考文献】

文部科学省『幼稚園教育要領解説』フレーベル館，2018

厚生労働省『保育所保育指針解説』フレーベル館，2018

内閣府・文部科学省・厚生労働省『幼保連携型認定こども園教育・保育要領解説』フレーベル館，2018

無糖隆・汐見稔幸・砂上史子『ここがポイント！　3法令　ガイドブック』フレーベル館，2017

秋田喜代美・村山祐一・戸田雅美・小川清美・大豆生田啓友・柴崎正行・渡邉保博・小林紀子・太田光洋編『保育学講座　3　保育の営み　子ども理解と内容・方法』東京大学出版会，2016

杉田啓三『発達　154』ミネルヴァ書房，2018

杉田啓三『発達　152』ミネルヴァ書房，2017

白梅学園大学子ども学研究所「子ども学」編集委員会『子ども学　2』萌文書林，2014

佐伯ユタカ・大豆生田啓友・渡辺英則・三谷大紀・高嶋景子編『子どもを「人間としてみる」ということ』ミネルヴァ書房，2013

関口はつ江・太田光洋編『実践としての保育学　現代に生きる子どものための保育』同文書院，2009

豊田和子編『実践を創造する　演習　保育内容総論』みらい，2010

第5章

学びの連続性

■子どもの小学校移行期をめぐる課題を理解し，説明できる。
■「円滑な接続」のための「連携」のあり方について考えることができる。
■「学びの連続性」という考えについて説明できる。

1 就学前と小学校とのつながり

1 「小学校への移行」の考え方

　保育所・幼稚園・認定こども園等の就学前施設（以下，「園」と表記する）と，小学校との間には，大きな「段差」があるといわれる。義務教育の入り口となる小学校と，「園」との間に，「違い」があるのは容易に想像できる。

　子どもたちにとって，小学校への進学は未知の世界へ足を踏み入れる経験である。学校教育を経験してきた私たちにとっては当たり前にイメージできる「学校」という空間は，実は特殊な空間である。同年齢の子どもが「学級」という単位にまとめられて生活し，登校から下校まで，分単位で刻まれたスケジュールをルーティンとして，毎日反復する。学習面では，「教科」ごとに定められた学習内容を，「授業」において習得していくことが目指される。下校後は宿題に取り組み，単元ごとに実施される試験で習熟度が確認される。何から何まで，子どもたちにとっては初めての経験が待っている。

　就学前と小学校との間に「段差」があることは，ある程度やむを得ない，と考えることができる。そもそも小学校の制度上の位置づけや役割が，就学前段階における各施設のそれとは異なるのだから，そこでの子どもの経験が異なるのもやむを得ない。そして，小学校との「段差」に最初は戸惑いながらも，多くの子どもたちは小学校に適応していく。

　しかし，この「段差」を乗り越えることができず，学校に適応できない子どもも存在する。このことをどのように考えればよいだろうか。また，多くの子どもたちは小学校に適応していくが，それでよいのか，そもそも現在の「小学校移行」のあり方でよいのか，ということを考える必要がある。

　先行研究によれば，家庭・学校・コミュニティの「パートナーシップ」に基づく「連続性」が，子どもの発達を助けるとされている。そして連続性について，就学前施設と，小学校との連続性である「垂直的連続性」と，家庭や地域社会との連続性である「水平的連続性」とに分類されている[*]。前者を「タテの連続性」，後者を「ヨコの連続性」と簡単に言い換えると，本章で考えることの中心は，子どものよりよい発達のために，就学前と小学校との「タテの連続性」をどのように考え，どのように作り上げればよいかということである。

　海外では，小学校への移行を，その後の学校生活にとっての重要な時期ととらえる。そして子どもにとってこの時期の「つまずき」が，その後の長期にわたる学校生活全体に対し，望ましからぬ影響を及ぼすと考えられている。ユネスコのレポートでは，小学校移行期は以下のようにとらえられている。

[*] Mangione, P. L. & Speth, T.: The transition to elementary school: a framework for creating early childhood continuity through home, school, and community partnership. *The Elementary School Journal* Vol.98, 4, p.384, 1998.

> - 小学校のスタートが，幼少期における最も重要な移行（transition）である。社会的・知的な最初の成功が学業達成の有効なサイクルへとつながり，学校環境と将来のための前進の要求に対する，子どもの適応を決める決定的な要因（critical factor）となりうる。
> - 子どもの最初期の成功感が，その後の経験に作用する，長期にわたる影響（longer term impact）となりうる*。

つまり，小学校への移行は，子どもにとってのその後の学校生活全体にとって，とても重要な出来事であり，重要な時期として考えられているのである。

② 「円滑な接続」のとらえ方―子どもの学びへの着目

したがって，それ以前とは様々な面で段差がある小学校への移行が，子どもにとって「つまづき」の経験とならないように，保育者と小学校教師の双方が配慮する必要があり，そのための仕組みづくりが求められている。それによって目指されるべきなのは，「園」と小学校との「円滑な接続」である。そのために，「園」と小学校との「連携」が必要であるとされる。

この考え方を理解する際には，注意が必要である。なぜなら，小学校への適応が重要だから，子どもを無理やりにでも小学校に適応させる必要がある，という解釈が生じてしまう懸念があるためである。そこで，「何を」円滑に接続すべきなのか，ということを理解しておく必要がある。「円滑な接続」というビジョンは，小学校への適応のために，小学校に通う子どものストレスを低減すれば良い，学校に行きさえすればよい，というものではない。

学校への不適応から，不登校になったとしても，それ自体が悪いことであるとはいえない。不適応・不登校の子どもを生まないことが重要なのではない。日本では，1990年代のはじめに「小1プロブレム」という言葉で小学校1年生の学級崩壊が指摘された**。その後，就学前から小学校への移行への関心が高まった経緯がある。したがって，「園」と小学校との連携には，子どもの適応を促進する方向性が共有されてきた。しかし，小学校移行の問題を，「子どもの適応」の問題ととらえるのは，問題の矮小化であるといわざるを得ない。

「円滑な接続」は，小学校移行期の子どもたちが，小学校に適応することを必ずしも目指すのではない。小学校への「円滑な接続」というビジョンによって問われているのは，小学校が，就学前までの子どもたちの学びの成果を受け止め，より学びを深めたり，よりいっそう「資質・能力」を伸ばすことができる環境にあるかということである。同時に，「園」は，子どもの資質・能力を，適切に伸ばすことができているかどうかが問われている。

＊ Fabian, H. & Dunlop, A-W.: Outcomes of good practice in transition process for children entering primary school. Background paper prepared for the Education for All Grobal Monitoring Report 2007 Strong Foundations: early childhood care and education UNESCO, 2006.

＊＊東京学芸大学『平成19年度～平成21年度 小1プロブレム研究推進プロジェクト報告書』p.1, 2010。

つまり，ポイントは，「学びの質」のあり方なのである。小学校への移行という重要な出来事をすべての子どもが経験するという事実を前提として，その前後で，いかなる学びを子どもに提供できるか，いかなる「学びの連続性」が望ましいのか，が問われているのである。したがって「連携」によって目指される「円滑な接続」というビジョンの実現は，子どもにとっての「学びの連続性」が確保されることをねらいとする必要がある。

3 就学前段階と小学校とに求められること―学びの連続性

乳幼児期の教育を規定する『幼稚園教育要領』『保育所保育指針』『幼保連携型認定こども園教育・保育要領』（以下、「各要領」）は，「大綱的基準」である。つまり，「各要領」の規定に反しない限りにおいて，各園の独自性や特色を出すことができ，また積極的に勧奨されている。日本における就学前施設の設置形態は「私立」が最も多く，各園の独自性を発揮しやすい。加えて4・5歳児のほとんどがいずれかの園で保育の経験をもつことに鑑みれば，小学校に入学する子どもたちの「経験」は非常に多様なものとなる。したがって当然，子どもがどのように学び，どのような資質・能力を身につけてきたのかも多様である。

それに対し，小学校以降の学校段階における教育内容は，『学習指導要領』に規定されている。「教科」ごとの授業時間数から，子どもが学ぶべき具体的内容まで細かく規定されており，教師はこれらの規定を逸脱することはできない。個々の学校・教師の裁量はそれほど大きくない。したがって，小学校の教育内容は画一的にならざるを得ない。

「園」における子どもの学びの多様性を，ある程度の定められた形式をもつ小学校の学びへと円滑に接続することは，簡単なことではない。なぜならここで述べた接続とは，子ども一人ひとりにとっての「乳幼児期の学び」を，「小学校の学び」へと接続することだからである。言い換えれば，乳幼児期の経験で育まれつつある資質・能力を，小学校教育でさらに伸長することができるような「接続」が求められている。こうした接続のビジョンを保育者と小学校教師が共有する必要がある。そしてそれぞれの立場から，子どもの学びの連続性の確保にいかに寄与するかを検討する必要がある。

これまで，「円滑な接続」をめぐる議論において懸念されてきたのは，小学校への適応のために，小学校の教育方法等を「先取り」してしまうことだった。しかし，近年の研究では，「園」が小学校に合わせて保育実践を変更する（学校化する）のではなく，むしろ小学校の側が変わるべきである，という議論が優勢になってきている。

OECD（経済協力開発機構）による報告書『Starting Strong V（人生のはじ

まりを力強く）』では，2017（平成29）年の報告書で以下のように述べられている。

> 伝統的に，「学校への移行」は「学校への準備（school readiness）」に関するすべてをさす言葉として解釈されてきた。それにより，乳幼児期の教育（ECEC）の環境は，子どもを「学校環境」に備えて教育すべきであるとされてきた。しかし，近年の神経学，発達心理学，学習科学などが示しているのは，学校環境の側が，より子どもの発達年齢に適したものであるべきである，ということである。このことは，質の高い乳幼児期の教育を受けた子どもたちの利益が持続し，その利益を守ることができるよう，小学校に改革が要求されているということを示唆している*。

＊ OECD: Starting Strong V—Transitions from Early Childhood Education and Care to Primary Education, p.253, 2017.

　ここからは，小学校に合わせて準備する，という従来の考えが見直されつつあることが分かる。そして，変わるべきはむしろ小学校の側である，という視点が示されている。現在の小学校のあり方が，子どもの発達過程に即したものとなっているかどうかを再検討する必要がある。もちろん，就学前の側が，不問とされているのではない。就学前の施設における学びの多様性が，一定の質を備えているかどうかも同時に問われていると考える必要がある。就学前と小学校との双方が協働して，よりよい子どもの学びを構想することが求められているといえる。

　こうした視点は，小学校の『学習指導要領』が示す方向性とも軌を一にする。奈須（2017）は，「資質・能力」を基盤とした，2017（平成29）年『学習指導要領』の改訂を受け，「園」と小学校の接続について，以下のように述べている。

> ……旧来の小学校的なやり方に順応させるべく，木に竹を接ぐような特別な訓練や準備をするのではなく，幼児期までに培われた育ちを大切に受け止め，それをゆっくりと，しかし着実に，各教科等の学びへと発展させていくわけです。入学式の翌日に「小学校は幼稚園までとは違います」と宣言し，「手はお膝」「お口チャック」「手を挙げて，先生に当てられたら発言していいです」といった，まったくの教師の都合に過ぎない規律訓練を幼小接続だと考えてきた不幸な時代は，ようやく終焉の時を迎えるのです**。

＊＊奈須正裕『「資質・能力」と学びのメカニズム』東洋館出版社, p.54, 2017。

　この引用から，小学校が，子どもの多様性に配慮することなく，一律に「小学校への適応」を強いてきたのではないか，という批判的な視点を見て取ることができる。一方で保育現場では，「小学校への適応」への懸念から，「学校的」な教育手法を積極的に取り入れていないかのチェックが必要である。子ども一人ひとりの教育的ニーズと発達過程に応じて，遊びを中心とした豊かな体験を充実する

という乳幼児期の教育原理よりも、「学校化の先取り」が優先されるようなことがないように注意したい。

2 小学校との接続をめぐる日本の教育・保育政策上の動向

1 政策動向

日本における近年の幼児教育政策に大きな影響を及ぼしている、2005（平成17）年の中教審答申では、「発達や学びの連続性を踏まえた幼児教育の充実」として、「幼児教育と小学校教育との連携・接続の強化・改善や3歳未満の幼稚園未就園児の幼稚園教育への円滑な接続など、幼児の発達や学びの連続性を踏まえた幼児教育の充実を図」*るとされている。前節でみた「円滑な接続」という方向性が明確に打ち出され、「発達や学びの連続性」に配慮することが目指されている。

具体的な施策として提示されているのは、小学校入学前の5歳児を対象とした「協同的な学び」の推奨、幼稚園等施設と小学校との人事交流や相互理解の深化、教員免許の併有促進、「幼小連携推進校」の奨励や幼小一貫教育の検討などが挙げられている。この答申を受けて、2008（平成20）年の『幼稚園教育要領』、『保育所保育指針』の改訂が行われ、「園」と小学校との連携の重要性が強調されるに至っている。

2010（平成22）年の幼児期の教育と小学校教育の円滑な接続の在り方に関する調査研究協力者会議による「幼児期の教育と小学校教育の円滑な接続の在り方について（報告）」は、幼小接続の重要性について、「幼児期の教育（幼稚園、保育所、認定こども園における教育。以下同じ。）と児童期の教育（小学校における教育。以下同じ。）は、それぞれの段階における役割と責任を果たすとともに、子どもの発達や学びの連続性を保障するため、両者の教育が円滑に接続し、教育の連続性・一貫性を確保し、子どもに対して体系的な教育が組織的に行われるようにすることは極めて重要である」**と述べられている。

> ＊文部科学省「子どもを取り巻く環境の変化を踏まえた今後の幼児教育の在り方について」2005。

> ＊＊幼児期の教育と小学校教育の円滑な接続の在り方に関する調査研究協力者会議「幼児期の教育と小学校教育の円滑な接続の在り方について（報告）」p.2, 2010。

2 各『指針』『要領』における小学校との接続

こうした動向に基づき、平成30（2018）年に改訂された『保育所保育指針』『幼稚園教育要領』『幼保連携型認定こども園教育・保育要領』では、小学校との接続・連携について、表5－1の通り規定された。

表 5 － 1

保育所保育指針

第 2 章　保育の内容

4　保育の実施に関して留意すべき事項

(2)　小学校との連携

ア　保育所においては，保育所保育が，小学校以降の生活や学習の基盤の育成につながることに配慮し，幼児期にふさわしい生活を通じて，創造的な思考や主体的な生活態度などの基礎を培うようにすること。

イ　保育所保育において育まれた資質・能力を踏まえ，小学校教育が円滑に行われるよう，小学校教師との意見交換や合同の研究の機会などを設け，第 1 章の 4 の(2)に示す「幼児期の終わりまでに育って欲しい姿」を共有するなど連携を図り，保育所保育と小学校教育との円滑な接続を図るよう努めること。

ウ　子どもに関する情報共有に関して，保育所に入所している子どもの就学に際し，市町村の支援の下に，子どもの育ちを支えるための資料が保育所から小学校へ送付されるようにすること。

幼稚園教育要領

第 1 章　総説

第 3 節　教育課程の役割と編成等

5　小学校教育との接続に当たっての留意事項

(1)　小学校以降の生活や学習の基盤の育成

　幼稚園においては，幼稚園教育が，小学校以降の生活や学習の基盤の育成につながることに配慮し，幼児期にふさわしい生活を通して，創造的な思考や主体的な生活態度などの基礎を培うようにするものとする。

(2)　小学校教育との接続

　幼稚園教育において育まれた資質・能力を踏まえ，小学校教育が円滑に行われるよう，小学校の教師との意見交換や合同の研究の機会などを設け，「幼児期の終わりまでに育ってほしい姿」を共有するなど連携を図り，幼稚園教育と小学校教育との円滑な接続を図るよう努めるものとする。

幼保連携型認定こども園教育・保育要領

第 1 章　総則

第 2　教育及び保育の内容並びに子育ての支援等に関する全体的な計画等

(5)　小学校教育との接続に当たっての留意事項

ア　幼保連携型認定こども園においては，その教育及び保育が，小学校以降の生活や学習の基盤の育成につながることに配慮し，乳幼児期にふさわしい生活を通して，創造的な思考や主体的な生活態度などの基礎を培うようにするものとする。

イ　幼保連携型認定こども園の教育及び保育において育まれた資質・能力を踏まえ，小学校教育が円滑に行われるよう，小学校の教師との意見交換や合同の研究の機会などを設け，「幼児期の終わりまでに育ってほしい姿」を共有するなど連携を図り，幼保連携型認定こども園における教育及び保育と小学校教育との円滑な接続を図るよう努めるものとする。

　各「園」の間の差異は，ほとんどないといってよい。共通するポイントは，以下の通りである。

○「園」での教育・保育が小学校以降の生活・学習の基盤となるという認識
○意見交換・合同の研究・資料の送付などによる連携を図る必要
○発達や学びの連続性の確保が必要

　幼児期においては，こうした観点に基づき，どのような生活がふさわしいかを検討しなければならない。
　『小学校学習指導要領』では，「総則」に学校段階間の接続について「教育課程」の編成上の留意点が記されている。

表5－2

小学校　学習指導要領
（総則） 第2　教育課程の編成 4　学校段階等間の接続 　教育課程の編成に当たっては，次の事項に配慮しながら，学校段階等間の接続を図るものとする。 (1)　幼児期の終わりまでに育ってほしい姿を踏まえた指導を工夫することにより，幼稚園教育要領等に基づく幼児期の教育を通して育まれた資質・能力を踏まえて教育活動を実施し，児童が主体的に自己を発揮しながら学びに向かうことが可能となるようにすること。 　　また，低学年における教育全体において，例えば生活科において育成する自立し生活を豊かにしていくための資質・能力が，他教科等の学習においても生かされるようにするなど，教科等間の関連を積極的に図り，幼児期の教育及び中 　　学年以降の教育との円滑な接続が図られるよう工夫すること。特に，小学校入学当初においては，幼児期において自発的な活動としての遊びを通して育まれてきたことが，各教科等における学習に円滑に接続されるよう，生活科を中心に，合科的・関連的な指導や弾力的な時間割の設定など，指導の工夫や指導計画の作成を行うこと。

5章　学びの連続性

小学校では，「生活」を中心に，合科的・関連的な指導，弾力的な時間割の設定などが求められている。

❸「10の姿」・「資質・能力」・「ねらい」

2017（平成29）年の『幼稚園教育要領』『保育所保育指針』『幼保連携型認定こども園教育・保育要領』（以下，「各要領」）の改定で示された「幼児期の終わりまでに育ってほしい姿」は，保育者と小学校教師との間の相互理解を促す役割が期待されている。「10の姿」を通して，就学前段階の教育・保育と，小学校教育との接続が促進されるかは，保育者・小学校教師の双方が，「10の姿」を適切に理解することにかかっている。

加えて，就学前の「各要領」だけでなく小学校以降の『学習指導要領』において，子どもが学校教育を通して獲得すべき「資質・能力の3つの柱」が規定された。この「資質・能力」は，旧来の「学力の三要素」のアップデート版であり，乳幼児期から大学まですべての学校段階を通して育まれるものと位置づけられている点に特徴がある。「10の姿」は，乳幼児期から「資質・能力」が育っていく中で，幼児期の終わりに目指されるべきものである。

したがって，乳幼児期の教育の「ねらい」の達成により，子どもが「10の姿」に近づいていくことが目指されており，その過程は「資質・能力」の獲得の過程であり，小学校以降に獲得が目指される「資質・能力」の基盤となるものである。

「10の姿」は，小学校移行期の子どもの育ちの姿を，保育者と小学校教師が共有することが期待されている。それにより，就学前段階と小学校との接続の促進が目指されているのである。

ただし，この10の姿を「到達目標」として理解することは適切ではない。なぜなら，「10の姿」に向かって子どもの成長を駆り立てることは，子ども一人ひとりの発達過程に配慮するという「個の育ち」を重視する保育原理と矛盾が生じる可能性があるためである。子ども一人ひとりにとっての「10の姿」を模索し，子どもの育ちを支える指針として活用される必要がある。

3　円滑な接続のための「連携」

❶「教育課程」の接続—スタートカリキュラム

もともと，生活科の設置という合科的指導の導入は，教育内容における幼小連携の必要性への認識が背景にあり，「幼稚園の教育方法を小学校に引き継いでいくという考え方」であった[*]。遊びを中心とした体験を基本とし，総合的にねら

＊酒井朗「保育所・幼稚園と小学校の違い」，酒井朗・横井紘子『保幼小連携の原理と実践—移行期の子どもへの支援』p.20，ミネルヴァ書房，2011。

いの達成が目指されるという乳幼児期の教育の方法原理を，小学校においても取り入れることで，小学校との円滑な接続を目指そうとするものであった。

　現在は，小学校には，1年生を対象とし，生活科を中心とし，各教科において「スタートカリキュラム」を設定することが求められている。文部科学省は，「各小学校においては，入学した児童が，幼児期の教育における遊びや生活を通した学びと育ちを基礎として，主体的に自己を発揮しながら学びに向かうことが可能となるようにするためのスタートカリキュラムの充実」[*]が求められるとしている。

　『学習指導要領』における「生活」の「指導計画の作成と内容の取扱い」には，以下の通り記述されている。

> （生活）
> 　他教科等との関連を積極的に図り，指導の効果を高め，低学年における教育全体の充実を図り，中学年以降の教育へ円滑に接続できるようにするとともに，幼稚園教育要領等に示す幼児期の終わりまでに育ってほしい姿との関連を考慮すること。特に，小学校入学当初においては，幼児期における遊びを通した総合的な学びから他教科等における学習に円滑に移行し，主体的に自己を発揮しながら，より自覚的な学びに向かうことが可能となるようにすること。その際，生活科を中心とした合科的・関連的な指導や，弾力的な時間割の設定を行うなどの工夫をすること。

　1・2年次の「生活」では，スタートカリキュラムの中心としての役割を果たし，幼児期と中学年以降の教育を媒介する役割が期待されている。具体的には，「合科的・関連的な指導」を行うこととされている。幼児期における総合的な学びを，教育を「生活」を中心とした「スタートカリキュラム」によって他の教科等における学習に円滑に移行することが求められている。

　このような考え方は，乳幼児期の教育と小学校教育との教育内容・教育方法上の「段差」を縮小することを意図しているといえる。

2 要録

　各園は，子どもの小学校入学に伴い，右表の通り，各「要録」を送付する。2018（平成30）年に文部科学省から発出された「幼稚園及び特別支援学校幼稚部における指導要録の改善について（通知)」では，幼児指導要録は「幼児の学籍並びに指導の過程及びその結果の要約を記録し，その後の指導及び外部に対する証明等に役立たせるための原簿となるもの」とされている。保育者は，卒園する子どもの姿を記入し，小学校へと申し送りを行う。小学校は，これらの「要録」

[*] 文部科学省国立教育政策研究所教育課程研究センター編著『発達や学びをつなぐスタートカリキュラム―スタートカリキュラム導入・実践の手引き』p.2，2018。

5 章　学びの連続性

を参考に子どもの教育を開始することが望ましい。特に，小学校側が，乳幼児期の多様な学びと経験をいかに受け止めるかが重要であるとされる現在，その重要性は高まることが予想される。

幼稚園	幼稚園幼児指導要録
保育所	保育所児童要録
認定こども園	認定こども園こども要録

3 子ども同士の交流

　「交流」は，就学前と小学校との連携として一般的に取り組まれている。ここでは，①子ども同士の交流と，②就学前と小学校との職員間の交流とに分け，事例に基いて「交流」のあり方を考えてみたい。なお，ここで取り上げる事例は，筆者が実際にみた事例をベースに，細部を変更したものである。そのため，必ずしも一般性が高いわけではないと考えられるが，各事例を通して，現在の「交流」の課題を提示したい。

（1）　子ども同士の交流

事例5−1　授業時間を利用しての交流

　A市の公立幼稚園では，小学校1年生の総合的な学習の時間に，「お店屋さんごっこ」を通して子ども同士の交流をしている。小学校1年生が，生活の時間を利用して，お店を開く。お店に並ぶ「商品」は，1年生が製作したものである。

　保育所の年長組は，その時間に小学校を訪問し，自分で製作・準備したお金を使い，1年生が製作した商品を購入する。活動を通して子どもたち同士に交流が生まれる。園児にとっては，多くが来年通うことになる小学校を訪問する機会になる。小学校1年生との交流を楽しみにしている子どもも多い。1年生にとっては，来年度上級生になる心構えやイメージにつながる活動になりうる。

　事例5−1は，小学校1年生の生活の時間を利用して，幼稚園児との交流を行った事例である。この幼稚園と小学校は，年に複数回，同様の機会を設けて交流を行っている。公立幼稚園と小学校を所管するのが市教育委員会であるという，所管の行政部局が同一であるということや，幼稚園児のほとんどが，この小学校に通学することになる，という環境の影響が大きいと考えられる。

　就学前の各施設の設置主体は，多くが「私立」であることに加え，保育を所管するのは，教育委員会ではなく，一般行政の一部局であることが一般的である。こうした行政部局の非一元的な仕組みは，組織的な子どもたち・職員間の交流を難しくしている。

67

事例5－2　行事を通しての伝統的な交流

　福岡県内の一部の地域では，運動会における「旗とり」という行事が行われている。「旗とり」には，次年度小学校に入学する子どもたちが参加する。旗とりでは，次年度入学予定の子どもたちが入場し，かけっこをして，在校生が準備した旗（お菓子がついていることもある）をとって，持ち帰るというものである。園児と学校とが公式に接触するはじめての機会としてとらえられている。「旗とり」が行われている地域の小学校教師によれば，伝統的に実施されている行事とのことである。

　事例5－2は，行事を通した交流である。「旗とり」と類似の行事も地域によってみられると考えられるが，いずれにせよ行事内での実施であり，単発的に行われる。子ども同士の交流を実りあるものにするためには，継続的な交流をもつことも有効と思われるが，地域の状況によってどのようなスタイルが望ましいかを検討する必要がある。都市部では，ある園の卒園児が，10を超える複数の小学校に進学するケースが多い。そうした状況においては継続的な交流は難しいだろう。逆に，地方では，特定の園と小学校との結びつきが自ずと強くなり，継続的な連携の意義が生じると考えられる。

（2）　職員間の交流

事例5－3　連絡会や訪問による交流

　B保育所からは，5園に卒園児を送り出す予定である。B保育所の立地する地域の各園と小学校とは，年に3回ほど「保幼小連絡会」を設けている。小学校に，各園の保育者が訪問して小学校側の説明を聞く場合と，小学校の教師が各園を訪問し，子どもの状況を保育者に聞き取りする機会もある。この聞き取りの際の保育者の語りが，小学校入学後のクラス分けにも反映された。

　入学後，B園には各小学校から「参観日」の招待が届く。その日は，保育者のみが参観する日であるため，地域の保育者が小学校に集まる。その後，懇談会で，入学後の子どもの様子の報告を受けたり，小学校教師から保育者に相談がもちかけられたりする。保育者にとっては，久しぶりに子どもの姿をみる機会になる。

　この事例は，職員間が連絡会を通して子どもの姿を共有し，小学校以降の教育が円滑に進むよう実施されている。実際，保育者から，ある子ども同士の相性がよくないとの報告がなされたことにより，1年生のクラス分けに反映され，その子どもたちは別々のクラスに配置された。保育者の声を聴取し，1年生の学年運営に利用できるという点で，小学校側にはメリットがあると考えられる。

　保育者は，参観日で子どもの姿を見，小学校教師からの報告を受けて，「こうしておけばよかった」など自らの保育を振り返る機会になっている。しかし全体を通して，小学校側が，保育者からの情報を利用できる点で小学校側にメリットが感じられるが，保育所側に感じられるメリットは限定的である。その意味で，

5章　学びの連続性

「双方向性」あるいは「互恵性」といった観点から，連携のあり方が見直される余地があるといえる。

> **事例5−4　合同研修会の定例化による交流**
>
> 　C校区では，2008（平成20）年から現在まで，校区内すべての幼稚園・保育所と，小学校，中学校との合同研修会が年2回定例会として開催されている。この定例の研修会は，行政主導ではなく，校区内で自発的に実施されている。小学校側では，この研修会が校内研修として位置づけられており，近隣の小学校教師の間でも有名な連携実践となっている。研修会は，選択されたテーマの「講義＋グループディスカッション」の形式で行われ，保育士による講義や，小学校教師の実践報告がなされた。その後懇親会では，小学校教師が，子どものことで保育士に相談をもちかける姿などがみられる。

　C校区の連携の契機となったのは，ある保育士だった。保育の成果が小学校に適切に引き継がれていないのではないかと疑問を持ち，職員が同じ場所で議論し，研修会を実施するまでに至った。小学校教師は人事異動により定期的に入れ替わるため，連携の成果が薄れると感じることもあるというが，小学校教師と「腹を割って話す」ことで，子どもを支えるネットワークが地域で機能している。保育所と小学校との「文化の差」をできるだけなだらかにする取り組みであるといえる。

　C校区は，いわゆる過疎地域であり，校区の園に通う子どもたちは，ほとんど校区に唯一の小学校に進学する。この連携は，こうした環境に大きく依存している。しかしこうした連携は，「地方モデル」としては提示可能だが，都市部では難しいかもしれない。地域や校区，子どもたちの状況に合わせて，いかに子どもの学びの連続性を確保するかを模索する必要があるといえる。

【参考文献】

Fabian, H. & Dunlop, A-W.: Outcomes of good practice in transition process for children entering primary school. Background paper prepared for the Education for All Grobal Monitoring Report 2007 Strong Foundations: early childhood care and education UNESCO, 2006

Mangione, P. L. & Speth, T.: The transition to elementary school: a framework for creating early childhood continuity through home, school, and community partnership. The Elementary School Journal Vol.98, 4, 1998

文部科学省「子どもを取り巻く環境の変化を踏まえた今後の幼児教育の在り方について」2005

文部科学省国立教育政策研究所教育課程研究センター編著『発達や学びをつなぐスタートカリキュラム—スタートカリキュラム導入・実践の手引き』2018

奈須正裕『「資質・能力」と学びのメカニズム』東洋館出版社，2017

OECD: Starting Strong Ⅴ－Transitions from Early Childhood Education and Care to Primary Education, 2017

酒井朗・横井紘子『保幼小連携の原理と実践―移行期の子どもへの支援』ミネルヴァ書房，2011

東京学芸大学『平成19年度〜平成21年度　小１プロブレム研究推進プロジェクト報告書』（特別教育研究経費事業　小１プロブレム研究による生活指導マニュアル作成と学習指導カリキュラムの開発　代表：大伴潔）2010

第6章

子ども理解と保育

■ 子ども理解とはどのようなものか，2つの視点から学ぶ。
■ 子どもの発達過程と保育について，「生活」・「遊び」・「活動」の3つの観点から具体的に考える。
■ 特別な配慮を必要とする子どもについて，法令や事例を通して学ぶ。
■ 子ども理解に基づく総合的な指導とはどうあるべきか，その意義と目的について知る。

1 子ども理解とは（視点）

　保育は，**子ども理解**に基づいて行われる。子ども理解とは，目の前にいる一人ひとりの子どもの姿を見つめ，子どもが何を求め，感じ，考えているのかを分かろうとすることであろう。そのために必要なことは，対象を理解すること，つまり，その時期の子どもの特性を知ることである。**子どもの特性**については，乳幼児期の「生活」と「発育・発達」の2つの視点から捉えていくと良いだろう。

（視点1）乳幼児期の生活

　乳幼児期の子どもは，保護者や保育者等の特定の大人との親しい人間関係を拠り所にしながら，安全・安心な環境のもとで他者との関係，興味や関心などが急速に広がり，心身の発達と共に子ども自ら周囲の環境に関わりを持ちながら自立に向かっていく。さらに，乳幼児期は運動機能が急速に発達し，体を通して身の回りの様々な環境に体験的に関わりながらいろいろなことをやってみようとする活動意欲が高まる時期である。周囲の大人との愛情ある関わりの中で見守られている安心感に支えられながら，自分からいろいろな場所に出掛けて行き，そこにある様々なものに心を動かされたり（心情），それを用いて遊んだりすること（意欲や態度）によって，興味や関心が広がっていく。それは，家庭から離れて同年代の子どもと一緒に過ごす集団生活の中で一層育まれていく。友だちと一緒に活動する楽しさや喜び，自己主張のぶつかり合いによる怒り，悲しさ，寂しさなどを味わう体験を積み重ねることによって，相手も自分も互いに主張や感情をもった存在であることに気づき，自分の気持ちを調整するようになる。このような他者との関係の広がりは，次第に深まりにもつながり，自我を形成していくのである。

　幼稚園や保育所，認定こども園等においては，乳幼児期の子どもの特性をふまえながら，**乳幼児にとってふさわしい生活（環境）を保障し続けていく姿勢が子ども理解に基づいた保育の基本**といえるだろう。

（視点2）乳幼児期の発育・発達

　乳幼児期は，環境と関わり合う生活の中で自分の興味や欲求によって直接的・具体的な体験を通して健全な心身の発育・発達が促され，生涯にわたる人格形成の基礎が培われる重要な時期である。また，生理的，心理的な諸条件や生育環境の違いから子ども一人ひとりの個人差が大きい時期でもあることから，一人ひとりの健やかな育ちを保障するため，子ども自ら安心して周囲の環境に関わり，その活動が豊かに展開されるような環境の中で，愛情豊かな思慮深い保護者や保育

者等の大人との関わり合いが十分行われることにより，人への信頼感と自己の主体性を培う時期である。子どもが人やものなどに触れ，興味や関心を広げていくことは，子どもに様々な**心情**をもたらし，自ら関わろうとする**意欲**を促し，自ら生活を楽しみしながら環境と関わる姿勢や態度を身につけていく。より豊かで多様な環境との出会いの中で，子どもは様々な能力を主体的に獲得していく過程そのものが乳幼児期の発育・発達であるといえよう。

　保育者は，子どもと遊びや生活を共にする中で，子ども一人ひとりの心身の状態を把握しながら，子どもが自ら環境に働きかけ，感じたり，考えたり，試したり，工夫したり，繰り返したりする過程を見守り，子どもと共に環境を再構成しながら共に楽しむことが大切である。よって，保育者は，園生活の中で子どもに安心感や安定感を与えながら，子どもの**発達の特性や発達の過程に沿った適切な援助**をし続けていくことが子ども理解をふまえた保育につながるだろう。

　以上のように，乳幼児期の子どもの特性をふまえながら，子ども理解に基づいて保育を行っていくことを具体的に想像してみよう。

　たとえば，友だちとの関わりが増えていく２歳児のクラスでは，おもちゃを巡るトラブルが多く見られる。表面的には，友だちが手にしているおもちゃを無理やり取ろうとする姿は，自己中心的でわがままにも見える。しかし，２歳児の育ちをふまえていれば，友だちのおもちゃを取ろうとする表面的な姿よりも，「たった今，このおもちゃに興味・関心が向いている。つまり，**心情**が育っていると同時に，使って遊びたいという**意欲**も育っている姿である。」と捉えることができる。友だちがおもちゃを使っている事実を認識し，相手に「貸して」と伝える**態度**まで求めることは，保育経験が長い保育者であればあるほどしないだろう。なぜなら，２歳児は自我を発揮する時期であり，「使いたかったね」とまずその子の思いを受け止めることが重要だからである。それから，友だちがおもちゃを使っている事実を子どもと共有し，友だちが使っているおもちゃを使うためには，相手に「貸してほしい」と言葉で伝えることを促すことや，子どもの思いを言語化して一緒に伝えるといったような仲立ちをしていく。これら一連の流れは，子どもの発達過程を理解した専門家による**保育**である。子守りとの明確な違いは，この点にあるといえるだろう。

　また，乳幼児期の子ども理解に欠かせないのは，一人ひとりに**個人差**が見られることである。同じ年齢や月齢においても，個々の違いが大きく見られる。たとえば，食べ物の好き嫌い，鬼ごっこなど外での活発な遊びを好む子もいれば，部屋でままごと遊びを好む子もいる。運動は苦手でも大人も驚くような絵を描く子どももいる。誰とでも積極的に関わる子もいれば，なかなか人や場所に慣れるの

に時間がかかる子もいるだろう。これらの個人差は，**個人内差**と呼ばれ，その子自身の中での得意・不得意などのばらつきなどが見られることである。一方，他者との比較で見られる発達の違いについては，**個人間差**と呼ばれる。子どもの発達過程については，月齢や年齢によってある程度の順序性を持っているが，その子どもの生まれ持った性格や性質などによる内的な要因と，成育環境などによる外的な要因によって，子どもの発達に個人内差や個人間差などの個人差が見られる。それらを総合的にふまえながら，保育者は一人ひとりの子どもに**最善の利益**，つまり，その子の今，その瞬間に望ましい発達が得られるための保育的行為を行い，子どもの発達を支え続ける"子どもの専門家"であるといえる。

　以上のことから，我が国においては，就学前の子どもが幼稚園，保育所，幼保連携型認定こども園等のいずれかに通っていたとしても，就学前の子ども（発達過程と個人差）を十分理解した保育者（幼稚園教諭，保育士，保育教諭）による保育が豊かに展開されていくことが求められる。なお，個人差を把握する上でも，その物差しとなるのが乳幼児の発達過程を理解することであることから，次節では子どもの発達過程を保育の実際から具体的に理解していきたい。

2　子どもの発達過程と保育

　乳幼児期の子どもの1日は「生活」と「遊び」に大きく分けられ，成長と共に「活動」が分化していくと捉えられる。また、これらは相互に関わりあいながら子どもの育ちを形づくっていく。ここでは，子どもの「生活」・「遊び」・「活動」の3つの観点から捉え，子どもの育ちを促すための保育について考えてみよう。

1　「生活」の観点から子どもと保育を見る

　子どもの在園時間の長い保育所や認定こども園は，生活の場としての意味合いが濃くなる。これは，保護者の仕事等により「保育を必要とする」子どもが入園しているからであり，朝の登園から夕方の降園まで長時間に渡り園生活を営んでいる。たとえば，衣類の着脱，排泄，給食やおやつなどの食事，うがいや手洗いなどの衛生面，午睡などが挙げられ，保育者は保護者に成り代わって生活面の育ちを促していく。特に，乳児期においては，家庭と連携を密に図りながら，たとえば，離乳食を進めたり，トイレットトレーニングを進めていきながら排泄面の自立を促していく。年齢が低ければ低いほど生活の観点は重要であり，子どもの発達段階をふまえた保育の工夫が求められる。

　もちろん，幼稚園も生活の場であることに変わりはない。子どもたちは毎日お弁当や給食を食べたり，着替えや排泄，遊んだおもちゃは片付けるなどといった

生活の場でもあることから，乳幼児期の子どもに関わる保育者は，生活の観点からも子どもの育ちを捉え，保育を展開していく必要がある。ここでは，「着替え」の場面を取り上げ，年齢別の子どもの姿と保育について具体的に考えていきたい。

【着替え】

　当然のことながら，0歳児の赤ちゃんは自分で服を着替えることはできず，保育者の働きかけによって園生活の中で何度も着替えを行う。ここで重要なのは，着替えることが気持ち良いという**快の感覚**を育むことである。ただ着替えをするのではなく，「汚れたから着替えようね」，「きもちいいね」など，特定の保育者による愛情深い言葉かけとスキンシップを心がけたい。乳児期は身近な人を識別し，安定して関われる大人のもとで，子どもは育っていく。その日々の積み重ねが，やがて自分の力で着替えようとする心情・意欲・態度を育むことから，保育者は生活面を育てる視点だけではなく，着替えの場面を通して**保育者との基本的な信頼関係の形成を図る視点**をもつことも重要である。

　1歳児になると，少しずつ自分で衣服の着脱をしようとする段階である。まずは，靴下やズボンなどを脱ぐことから始めていく。一人ひとりの子どもの手指などの微細運動の発達もふまえながら，少しずつ簡単な衣服をできる範囲で脱いだり，着たり，履いたりする経験を保育者の援助のもとで行っていきながら，完全に自分で着脱できなくても，少しでも自分でやろうとする姿を認めていくことが重要である。

　2歳児になると，手指など身体面の発達と共に，自分でできる着脱は増えていくことから，保育者は子どもの着脱場面を見守りながら，必要に応じて援助していく姿勢が求められる。しかし，この時期の発達段階は「**依存しながら育つ2歳児**」と言われており，自立と依存を行ったり来たりしながら育っていく。子どもは，本当はできることもその時の気分によって手伝ってもらう時もあれば，逆にできないことを頑なにやろうとし，できない自分に苛立ちを見せることもある。保育者は，くるくると変わる子どもの心情面を捉え，時には甘えを受け止めながらも，自分で着替える経験を豊かにしていきたい。

　以上のように，生活の観点で欠かせないのは，保育者との信頼関係が土台となっていること，また，個々の身体的な発達と自我の芽生えを総合的に捉える視点を持ちながら，日々の保育に当たることである。ここでは2歳児までの事例を取り上げたが，3歳児以降の幼児の生活においても保育者との信頼関係が土台となり，基本的生活習慣が自立していくのである。特に，幼稚園に入園したばかりの3歳児クラスにおいては，それまでの家庭環境と園での環境の大きな違いに子どもは戸惑うことをふまえながら，少しずつ園生活に慣れていくよう保育者は努めなければならない。

2 「遊び」の観点から子どもと保育を見る

　乳幼児期の子どもにとって，遊びは成長・発達のための重要な営みである。『幼稚園教育要領』の「第1章　総則　第1　幼稚園教育の基本の2」には，「幼児の自発的な活動としての遊びは，心身の調和のとれた発達の基礎を培う重要な学習であることを考慮して，遊びを通しての指導を中心として第2章に示すねらいが総合的に達成されるようにすること」とある。つまり，遊びは自発的なものであることから，子どもが自ら主体的に遊び，夢中になって遊べる環境を整えることが保育者には求められる。また，子どもは遊びを通して，心身の発達を促進させ，生活上の様々な技術を身につけ，社会性を身につけていく。つまり，「遊び＝学び」であり，「よく遊ぶ子＝よく育つ子」とも言える。以下に，乳幼児期によく見られる「砂遊び」の場面を取り上げながら，年齢別の子どもの姿と保育について具体的に考えていきたい。

【砂遊び】

　乳児期の砂遊びは，砂という身近な素材に触れる**感触遊び**の意味合いがある。「サラサラ」という触感，「冷たい」または「温かい」などの温度，匂いなど**五感**で触れること自体が遊びである。また，砂に水が混ざると「おにぎり」や「お団子」など様々なものに形が変わり，子どもは何かに**見立てて**遊ぶようになる。これは，何かを思い浮かべる能力（**表象機能**）と，あるものを別の何かに見立てる能力（**象徴機能**）が共に育つ発達段階である。保育者は一人ひとりの発達段階と興味・関心をふまえて応答的に関わりながら，砂という身近にある素材に子どもがたくさん触れる機会を多く持てるように働きかけたい。

　このように，乳児期は一人遊び，あるいは保育者とのやりとりが中心で，友だちとのやりとりは保育者の仲立ちによって成立することが多い。特に2歳児は，同じ場所で，同じ遊びをして，時には友だちとのやりとりも見られるようになる。一見一緒に遊んでいるように見えるが，それぞれが自分のイメージで遊んでおり，認識的に友だちとの交わりがないことから**平行遊び**と呼ばれる発達段階である。先に述べた表象機能と象徴機能が豊かになることに相まって自我の育ちも高まることから，自分の遊びをさらに豊かに展開しようとする。その際に見られるのは，スコップやシャベル，型抜きなどを取り合う姿や，遊ぶ場所を巡っての**友だちとのトラブル**が頻繁に見られるようになる。しかし，それは自我が高まる発達段階であり，「ボク（ワタシ）は今，コレを使って，ココで，こうやって遊びたい」という自己主張を発揮していると捉えて保育することが，この時期の保育の視点である。

　幼児期の砂遊びは，年齢が上がるにつれて，友だちとの**共同遊び**から**協働遊び**へと変化していく。3歳児期はまだ友だちとのやりとりの中でトラブルも多く見

られるが，同じ遊びを共にする中で「おなじだね」と一緒であることを喜ぶように
なる。たとえば，型抜きを使っておにぎりを作っていたとき，「おにぎりでき
た！」という友だちの声に気づき，その友だちに駆け寄って「おなじだね」と喜
び合う。そこから「一緒に同じものを作ろう」と意気投合する姿もよく見られる。
平行遊びから友だちを意識した遊びを展開するようになる。よって，保育者は同
じ遊びをしている友だちをつなげていきながら，共通の遊びを通して人との関わ
る力を育てる視点で保育をしてくことが求められる。

　4歳児になると，遊び方や友だちとの関わりが活発になっていく。4歳児の発
達の特徴は，目的に向かって力を惜しまず，豊かなイメージで気の合う友だちと
遊びを広げていくことである。たとえば，友だちと協力して大きな山を作る。
「もっともっと山を大きくしたい」というイメージが高まり，隣で別の遊びをし
ている友だちのことまでは十分考えられず，トラブルになることもある。また，
山を作り，トンネルを掘って水を流そうと盛り上がる。5歳児であれば1本のト
ンネルを掘るのに2人が協力してこちら側と向こう側から掘り進めていく協働的
な遊び方を見せるが，4歳児は自分自身のイメージの高まりが抑えられず，それ
ぞれがあらゆる方向からトンネルを掘り進め，途中で崩れてしまうこともある。
崩れてしまった原因を友だちに求め，トラブルになることもあるが，その際に保
育者に求められるのは，目の前で起こった現実や事実を通して，素材に合った道
具の使い方，力の加減，一緒に遊んでいる友だちの思いなどに気づくよう促すこ
とである。このように，遊びこむ経験を豊かに持ちながら，次第に友だちとイ
メージを共有するための調整する力も育つことで，5歳児では砂場全体で山を作
る人，トンネルや川を作る人，水を運ぶ人などそれぞれが別々の役割を担いなが
ら，仲間と協働して遊びを豊かに展開する道路工事ごっこなどに発展していくの
である。

　以上のように，砂遊びの例を1つ取り上げても，年齢やそれぞれの発達段階に
よって保育者の子どもを捉える視点が変わり，それに伴い働きかけも変化するこ
とが理解できる。どの発達段階であったとしても，子どもは遊びを通して成長し
ていく。よって，保育者は子どもが遊びこめる環境を整え，その年齢に，その子
（個）の成長に最善の利益（成長）が得られるような保育的行為を行い，**遊びと
いう学び**を支え続けていく姿勢が求められる。

③「活動」の観点から子どもと保育を見る

　園生活において，年齢もしくはクラス集団の育ちに従ってそれまでの遊びの段
階から活動へと展開していくことがある。ここでの活動とは，子ども，あるいは
子ども同士の育ちを育むための活動を指しており，具体的には，当番活動や運動

会，発表会，食育活動などが挙げられるだろう。ここでは，当番活動の事例を取り上げて，活動の観点から子どもと保育について考えていきたい。(運動会の事例については，演習10の事例6を参考にしてほしい。)

【当番活動】

　一般的に当番活動を行うのは年長児である。当番活動の中身としては，クラスの出席人数を事務室や給食室に報告することや，給食当番として食事を配膳するなどが挙げられる。出席人数については，数への認識が育っていること，給食当番については，食材や作り手への感謝の気持ちを持つという発達段階でもある。当番は各グループから一人ずつ選ばれ，輪番制となるケースが多い。5歳児は，自分のことだけではなく「クラス集団の中の自分」として自らを捉えられるようになる。また，年長児としての自信から，園生活を自分たちの力で営もうとする集団としてのまとまりが育ちはじめ，友だちと役割を分担し，お互いが協働していく力を育んでいく視点から，当番活動を取り入れる保育が展開されていくのである。

　また，園によっては4歳児以下でも当番活動を行うケースも見られる。しかし，年長児が行うよりも簡素なものとなる。たとえば，3歳児の給食当番は，配膳する力も育ってはおらず，「いただきます」の挨拶のみである。ただ，この簡単な当番であっても，3歳児は大きな声で自信たっぷりに挨拶をする。それは，3歳児なりに自分がみんなの役に立つ喜びがみなぎっているからに他ならない。普段は食事がなかなか進まない子も，給食当番の日はよく食べ，おかわりまでする姿が見られるのも，3歳児ならではの可愛さである。

3 　特別な配慮を必要とする子ども

■1 2017（平成29）年改訂から

　2017（平成29）年に告示された『幼稚園教育要領』，並びに『幼保連携型認定こども園教育・保育要領』においては，新たに「特別な配慮を必要とする幼児（園児）への指導」の項目が設けられた。それを受け，平成30年に発刊された『幼稚園教育要領解説』，並びに『幼保連携型認定こども園教育・保育要領解説』には，特別な配慮を必要とする子ども（記載は幼児または園児）として，「障害児」と「帰国児」に対する配慮が詳しく記載されている。『幼稚園教育要領解説』の例を見ると，その要点は以下の2点である。

> ① 障害のある幼児などへの指導に当たっては，長期的な視点で幼児への教育的支援を行うための個別の教育支援計画と，個別の指導計画を作成し活用することに努めること
> ② 海外から帰国した幼児や生活に必要な日本語の習得に困難のある幼児については，個々の幼児の実態に応じ，指導内容等の工夫を組織的かつ計画的に行うこと
>
> ※平成30年『幼稚園教育要領解説』（p.6）を参考に筆者作成

　なお，同じく平成29年に改定された『保育所保育指針』において，同様の項目は挙げられてはいないが，保育所においても特別な配慮を必要とする子どもへの保育は必要不可欠である。就学前の子どもの専門家である保育者，つまり幼稚園教諭・保育士・保育教諭のいずれにおいても，目の前の子どもの"ありのままの姿"を受け止め，その子どもが現在を最も良く生き，健やかに成長していくための保育の手立て（安心して過ごし，のびのびと遊びが展開される環境づくり）を計画し，実践し，評価し，改善を図りながら，日々の保育に生かし続けていくことが求められる。

② 特別な配慮を必要とする子どもの保育を行う視点

　特別な支援を必要とする子は，生まれ持った特性などにより，育ちはゆっくりであることが多く，母集団の子どもと比べると運動面や認識面などの発達に差が見られる。特に，年々増えているのが自閉症やアスペルガー障がい，注意欠陥多動性障がいなどの発達障がいを抱えた子どもであり，集団生活になじめない姿が見られる。クラス全体から見れば問題行動を起こしているように見える子であっても，「一番困っているのはその子自身」という視点，つまり，その子の「困り感」に寄り添うことが重要である。それは，すなわち，その子自身をよく見るということである。保育者は，その子どもが，どの場面でどのような行動を起こすのかを見極め，その子にとって失敗経験が重ならないように配慮し，自尊感情の低下を防ぐことが求められる。

　また，特別な配慮を必要とする子どもを保育する際に重要なのは，その子の育ちだけを考えるのではなく，一緒に過ごす**母集団も共に育ちあうという視点**である。以下の事例から考えてみよう。

事例6−1　自閉症のH君と母集団の育ち（4歳児）

　H君は4月から入園した男の子で，優しい顔立ちと1歳児のような話し方が相まって，特に女の子たちに人気がある。お昼寝前にパジャマに着替える時は，女の子たちが全面的に着替えを手伝い，H君はなすがままになっている。はじめの頃は友だちとの関わりを大切に見守っていた担任だったが，何でもやってあげる女の子たちとやってもらうことを当たり前のようにしているH君との関係は，まるでお姉さんと赤ちゃんのように見えた。このままではH君の自立につながらないのではと思い，女の子たちに「H君もみんなと同じように，自分で着替えできるようにみんなで応援しよう。」と伝えると，女の子たちは「H君は赤ちゃんじゃないもんね。」と納得し，直接手伝うのはやめ，「H君，がんばれ!!」と応援するようになった。

　以上のように，保育者は，特別な配慮を必要とする子どもの育ちを育む際に，母集団の友だちの育ちも考えていく視点が重要である。H君の1年間の育ちに関しては，第10章の事例10−5も参考にしてほしい。

　また，海外から帰国した子どもや外国籍の子どもに対する保育に対しては，言語だけではなく，その子の育ちにつながる国の文化を尊重することが求められる。たとえば，イスラム教のように，豚肉などを食べることが禁じられている場合は，給食のメニューも母集団とは大きく異なり，毎日のように別のメニューを食べることになる。保育者は，その子につながる国の文化を大切にする保育の工夫することが求められる。その保育者の姿勢によって，母集団の子どもたちがその国の文化に理解を示し，その子が園生活を安心して送ることで，母集団も含めた子どもの成長を促していきたい。

4　子ども理解に基づく総合的な指導（子どもを大切にする保育とは）

　ここまで述べてきたように，保育者は，子どものありのままの姿をみつめ，乳幼児期の特性をふまえて目の前の一人ひとりの子どもの理解に努め，その子どもの最善の利益，つまり，子どものよりよい育ちを保障するための保育を日々展開していくことが求められている。保育の基本は，一人ひとりの「個」を大切にすることであるといえるが，保育者は一人の子どもだけを保育しているのではない。一人ひとりが集まった子ども集団を保育しているのである。つまり，個と集団という2つの視点を常に持ち合わせる必要がある。子どもは「集団の中で」というよりも「友だちと一緒に」生活することで成長していく。クラスの中で個々の子どもの成長がクラスの質を高める力として作用し，そしてクラス集団の質の高ま

りに刺激されて個々の子どもが成長するのである。そこで大切なことは，**個人が尊重される集団**をつくることである。一人ひとりが自分を出し，お互いに認め合える集団をつくるためには，それを受け止める保育者の存在が不可欠なのである。

このように，乳幼児の保育の専門家として子どもを理解するということは，言い換えるならば「子どもを大切にすること」である。つまり，子ども理解に基づいた総合的な指導とは，集団の中で一人ひとりの子どもを大切にする保育であるといえよう。

かつて，筆者が保育士として保育現場にいた頃，最重度の知的障がいと自閉症を抱えるK君という男の子の担当をしたことがあった。多動で一時も目が離せない状態でもあったことから，保育士1名が常に付き添っていた。K君は0歳児から入園し，その間に障がいであることが分かり，2歳児クラスからは障がい児として園に通った。つまり，K君は，同じく0歳児から入園した友だちと共に卒園まで園生活を共に過ごしたのである。当時は，年長クラスになると園に一泊する合宿があったのだが，K君と母集団の育ちを振り返る上で，私には忘れられないエピソードがある。

事例6−2　合宿のカレー（5歳児）

ばら組（年長クラス）の子どもたちは，7月に保育園に一泊する合宿を心待ちにしていた。この園では，合宿の時の夕飯はカレーと決まっており，その具は子どもたちの好きな具を入れても良いという伝統があった。担任は，今年のばら組はどんな具を入れたいと言うのか楽しみである反面，自己主張が強い子どもたちが多いこともあり，話し合いがうまくまとまるのか不安な気持ちもあった。

朝の自由遊びが終わり，子どもたちが椅子を準備して集まってきた。園内を自由に散歩していたK君も別の保育士と一緒にクラスに戻ってきたところで，担任は「合宿の時ね，みんなでカレーを作るんだけど，みんなは何の具を入れたい？」と言った。子どもたちからは「お肉！」や「ソーセージ」，「にんじんは入れたくない」などいろいろな意見が出た。すると，一人の女の子が「K君も食べられるように，小さい具がいい」と言った。その言葉に，担任も，K君と一緒にいた保育士もハッとさせられた。なぜなら，K君が合宿に参加しないことを保護者との相談の中で決めていたからである。しかし，クラスのみんなにはまだ伝えてはいなかった。6年間を共に同じクラスで過ごしてきたばら組にとって，K君が合宿に参加することは，ごく当たり前のことであった。他の子どもたちも「そうだね。K君が好きな食べ物にしようよ」や，「硬いのはだめだよ」，「小さくした方がいいよ」と，みんながカレーに入れたい具は，K君が好きで，食べられる具という共通理解の中で話し合いが進められたのであった。

その日の帰り，K君の母親にこのことを伝えると，「こんな優しい子どもたちに囲まれて，Kは幸せ者です。」と目に涙を浮かべながら話した。

母親と相談した結果，K君は夕飯まで合宿に参加することとなった。合宿の当日，

K君はばら組のみんなと一緒に，小さな具が入ったカレーを食べた。お腹いっぱい食べたK君は半分眠りかけていたが，これから家に帰るK君を見送る子どもたちは，「K君！タッチでバイバイしよう！」と次々にK君に駆け寄る姿が見られた。

　K君はなぜこれほど友だちに好かれているのだろうか。K君自身はその障がいの重さから話すことも明確な意思を伝えることはできないので，保育者が常に「お散歩したいのかな」，「お腹が空いたんだね」，「ありがとうって言ってるね」などK君の気持ちを汲み取り，子どもたちに代弁していた。また，食事や着脱などの身の回りの援助も常に保育者がしていた。母集団の子どもたちから見れば，K君を丸ごと受け止め，K君を大切に保育してきた姿勢が，母集団の子どもたちに人を思いやる気持ち（優しさ）を育んだのではないだろうか。

　生まれてから就学前までの6年間，保育者は，最も成長著しい時期の人間，つまり「子ども」を保育していく。子どもは，毎日の園生活の中で，少しずつ，しかし驚くべき速さで発達していく。育ちという変化を「子ども理解」という視点で捉え，その子どもの最善の利益という生涯にわたり生きる力の基礎を培うために行われる遊びや生活，活動などの総合的な指導が「保育」であり，それを日々実践するのは子どもの専門家である保育者なのである。

【引用文献】

　文部科学省『幼稚園教育要領解説』フレーベル館，2018

　厚生労働省『保育所保育指針解説』フレーベル館，2018

　内閣府・文部科学省・厚生労働省『幼保連携型認定こども園教育・保育要領解説』フレーベル館，2018

【参考文献】

　豊田和子編『実践を創造する　演習・保育内容総論』みらい，2010

　咲間まり子編『保育実践を学ぶ　保育内容「人間関係」』（第2版）みらい，2018

　酒井幸子・守巧編『演習　保育内容総論　あなたならどうしますか？』萌文書林，2014

　民秋言・吉村真理子編『新訂　保育内容総論―保育内容の構造と総合的理解』萌文書林，2014

　石川昭義・松川恵子編『保育内容総論　基本保育シリーズ⑮』（第2版）中央法規出版，2017

　太田光洋『幼稚園・保育所・施設実習完全ガイド』ミネルヴァ書房，2015

第7章

子どもにとって遊びとは何か

- 子どもにとっての遊びとは何か，その重要性について学ぶ。
- 事例を通して，子どもの自発的な遊びの意味を考える。
- 「幼稚園教育要領」や「保育所保育指針」における環境の意味を知り，保育者の果たすべき役割を理解する。

1 遊びの重要性

1 遊びという言葉の意味〜自発的活動，学習

　「遊び」という語は，play（英），spiel（独），jeu（仏）と翻訳される。『教育思想事典』（勁草書房，2017年）によれば，「遊びの特徴は活動それ自体を目的とした活動であり，労働や道徳的義務にもとづく活動と異なり，活動の外にある要請や目的から開放されていることである。」つまり，遊びとはその活動自体を楽しむことであって，他に目的はない。他人から指示されたり命令されて行うことではないし，また，評価されるものでもない。そこでは，自由に，自発的に行う楽しみがあり，満足感や充実感を伴うものである。その意味で仕事とはまったく区別される。『ホモ・ルーデンス』を著したホイジンガによれば，「面白さ」の要素こそが遊びの本質である。

　ただ，この面白さの感じ方は人それぞれである。Aくんにとってその活動は面白い遊びであっても，Bさんにとっては違ったりする。主体者の価値観や感じ方によって，その活動の意味は変わってくるといってよい。

　現在，日本の保育においては，この遊びという活動を保育の方法として重要視している。どのように概念規定されているか，また，その内容を見ていこう。

　『幼稚園教育要領』の第1章総則の第1は，幼稚園教育の基本とあり，その2として次のように書かれている。「幼児の自発的な活動としての遊びは，心身の調和のとれた発達の基礎を培う重要な学習であることを考慮して，遊びを通しての指導を中心として第2章に示すねらいが総合的に達成されるようにすること。」

　遊びとは「自発的活動」であり「発達の基礎を培う重要な学習」であると定義・明記されている。

　『保育所保育指針』では，第1章総則の1保育所保育に関する基本原則の(3)保育の方法のオの項目で「子どもが自発的・意欲的に関われるような環境を構成し，子どもの主体的な活動や子ども相互の関わりを大切にすること。特に，乳幼児期にふさわしい体験が得られるように，生活や遊びを通して総合的に保育すること」とある。その他の方法についても「子どもの主体としての思いや願いを受け止める」「自己を十分に発揮できる環境を整える」とあり，まさに子ども時代の遊びの重要性を強調しているのである。

2 子どもにとっての遊びの意味〜先達から学ぶ

　子どもにとっての遊びの重要性は，先達の思想・理論からも十分うかがい知ることができる。ここではコメニウスとフレーベル，そして倉橋惣三の遊びについ

7章　子どもにとって遊びとは何か

ての言及から考えてみよう。

コメニウス（*Comenius, Johann Amos*, 1592-1670）は，子どもの養育者（父母，乳母など）のための幼児教育の指導書としての『大教授学』と，幼児の手にすぐ与えることのできる絵本としての『世界絵図』を著した。いずれも乳幼児期からの教育の必要性を述べた彼の代表的著作である。コメニウスは『大教授学』の中で次のように書いている。

「学校そのものがまた子供にとって楽しい場所であって，内外共に子供の眼に対して魅惑的なものでなければならない。……学校の外には，散歩したり遊戯したりするための広場がなければならない（というのは……これらのものは絶対に必要であるから）。」[*]

「子供はたとえ真面目な仕事であろうと遊戯であろうと，これに不断に携って居れば，自から労苦に堪えることを学ぶものである。子供は……遊戯によってでも，後になって時と所とを得れば，真面目に役に立つ沢山の事が学ばれる。」[**]

子どもが自然と関わり，また，将来高貴な精神を養われて勤労に従事していくためには，子ども時代に豊かな遊びへの没頭が絶対に必要であるということが，これらの文章，文脈から理解できるだろう。

フレーベル（*Fröbel, Friedrich Wilhelm*, 1782-1852）の遊びの重要性への言及はもう少し分かりやすいだろう。彼は幼稚園（Kindergaruten）の創始者として，また，恩物（Gabe）の開発者としてあまりにも有名である。フレーベルは子どもの遊びについて次のように描写している。

「遊びは幼児期の最高の段階である。それは内なるものの自由な表現であり，内なるもの，内なるもの自体の，やむにやまれぬ要求の表現である。……それゆえにそれは喜悦と自由と満足と安定と平和とをもたらす。そのなかにはいっさいの善の源泉が宿っており，いっさいの善なるものがそこから発現する。熱心に自主的に物静かに，肉体的につかれてどうにもならなくなるまで根気強く遊んでいる子どもというものは，確かに熱心で，物静かで根気強い，他人及び自己の幸福を犠牲的に促進している人間である。この時期における子どもの生活のもっともうつくしいあらわれは，遊んでいる子どもではないだろうか。遊びに没頭している子どもではないだろうか。」[***]

まるで子どもの遊びを称賛・賛美しているかのようである。子どもから遊びを取り上げたら子どもではなくなるかのようである。さらに，子どもにとって善きもの，すなわち喜び，自由，満足，安定，そして平和は，子どもの遊びによってもたらされるというのであるから，人間に生活にとって，それは将来にわたってこの時期に絶対に必要なものとして論じられているのである。

では，日本保育学会の初代会長であり，日本の保育界を代表する一人である倉

[*]コメニウス著　稲富栄次郎訳『大教授学』p.177, 玉川大学出版部, 1956, 引用。

[**]同書，p.284，引用。

[***]フレーベル著　小原國芳・荘司雅子監修『人の教育』(フレーベル全集第二巻)，p.59 (別訳)，玉川大学出版部，1976，引用。

橋惣三（1882-1955）の遊び観を，彼の最初の代表的著書『幼稚園雑草』から引用してみてみよう。

「子供にとって遊びほど幸福で貴いものはない。子供の遊びはつまり子供の身体と心との狂んな活動が外に現われたのに外ならないものであって，子供が遊ぶということは大袈裟にいえば，つまり子供が生きているということと同じ意味であるといってもいいのです。」*

倉橋にとって子どもの遊びは「生きていることと同じ意味」だと言う。つまり，子どもが遊んでいないということは生きていないということだ。子どもが遊べないということは生きられないということ。そして，子どもを遊ばせないということは生きさせない。極端な言い方をすれば，子どもを死なせてしまう，殺してしまうことと同じだということになる。それくらい子どもの遊びは重要だ，なくてはならないものだということである。

最後に，戦争の世紀と言われ多くの子どもと老人が犠牲になった20世紀においても，「児童の権利に関する条約」は20世紀が遺した素晴らしい遺産の一つであろう。いわゆる子どもの権利条約の第31条は，子どもの遊ぶ権利をはっきりと記している。世界的に共通理解を得た子どもの遊ぶ権利の重要性を保育関係者は忘れないようにしたい。

*倉橋惣三『幼稚園雑草』（倉橋惣三選集 第二巻），p.135，フレーベル館，1965，引用。

> 1．締約国は，休息及び余暇についての児童の権利並びに児童がその年齢に適した遊び及びレクリエーションの活動を行い，並びに文化的な生活及び芸術に自由に参加する権利を認める。
> 2．締約国は，児童が文化的及び芸術的な生活に十分に参加する権利を尊重しかつ促進するものとし，文化的及び芸術的な活動並びにレクリエーション及び余暇の活動のための適当かつ平等な機会の提供を奨励する。

3 まとめ～自らの意志で行う遊び

『幼稚園教育要領』や『保育所保育指針』で重視している遊びについて，その意味と重要性について先達たちの遺した文章から見てきた。

ただ，ここで最も強調しなければならないことは，子どもの成長や発達にとっての遊びとは，「自らの意思で行う」ということに限られていることである。遊びとひとことで言っても，保育現場の中には，子どもに遊びをさせているところも少なくない。子どもの意思からではなく，「みんなで遊びましょう」という号令のもとに，一斉に，遊びをいつのまにか強制しているという現実がないわけではない。それはもやは遊びといえるのかどうか。

一つの事例を紹介しよう。ある保育者が，念入りに計画した遊びの指導を子ど

もたちに提供した。「うまくいった」という感触をその保育者は持った。最後に子どもたちを整列させて「みなさんよくできました。楽しかったね。またしようか？」と言った。すると，ある女の子が保育者の前に進み出て「せんせい！　おしまい？　じゃぁ，わたしあそんでもいい？」と尋ねた。笑い話だが，保育者の一生懸命に準備して練習して指導に取り組んだ活動は，その女児にとっては遊びとは言えないものだったのである。

　もちろん伝承あそびなどは，伝承されなければ子どもの遊びの世界で始まることはない。だから子どもにとって未知の遊びは，年長者から伝えられなければ文化として継承されない。遊び方を教えられて楽しんだ子どもは，翌日からは自分たちで主体的・自発的に遊び始めるであろう。それはとても大切なことである。

　まとめると，子どもの遊びの基本的本質的な意義は，「自らの意思で行う」「自ら行う」ということである。子どもが自分の意思でしたい遊びを自分で探す，自分で選ぶ，自分で始める，自分で展開する。できたら自分で終わらせる，そこまで保障できたらどんなにいい保育になるだろう。

　したがって，このような子どもの選択する権利や決断を尊重しないで，一斉的画一的な活動を遊びの指導の名の下に半強制的に「やらせる」ことは，本来の遊びとはいわない。子どもが能動性を発揮して自ら遊び出すことを待ちながらその機会を捕えることが必要ではないだろうか。そのためには，周到に考え抜かれた環境構成が欠かせない。遊びの指導とよくいわれるが，それは子どもの姿すなわち現在の興味関心がどこにあるかをよく観察して，保育者が環境を構成・再構成することである。さらにいえば子どもから教えられながら彼らの主体的な活動を促すことに他ならない。そこには子どもが自ら行おうとする能動性，意欲に対する保育者の期待というより信頼が必要なのである。

2 遊びの体験における意味の考察

　子どもの遊びの重要性は納得できたとしても，そこには具体的にどのような意味があるのだろうか。何故に子どもの遊びは保障され，尊重されなければならないのであろうか。

　自由を与えられた子どもはよく遊ぶ。そのすべてをここに取り上げることはできない。しかし，その主なものをいくつかでも具体的に取り上げてその意味を深く考察すると，そこにはある種普遍的な意味があるのではないかと考えられる。砂場での遊びの事例から共に考えてみよう。

1 砂場での遊び～獲得と喪失の関係

　子どもはよく砂場で遊ぶ。砂場遊びが大好きである。

事例7－1

　ある乳児のDちゃんが砂場にやってきた。手を伸ばして砂をひと掴みした。そして手放すと手に握られていた砂はさらさらと下に落ちた。それを何度も繰り返した。そのうち両手で同じように遊び始めた。

　また，ある幼児のE君は，保育室で気に入ったおもちゃを手にして遊んでいた。しかし，もっと面白そうなおもちゃが眼に入ったので，それまで持っていたおもちゃを手放して新しいおもちゃを手に持った。しばらくすると，やっぱり前のおもちゃもほしくなって……するともう片方の手があることに気づき，両手で好きなおもちゃを持って遊ぶことができた。ところが友だちの持っている別のおもちゃが今度は眼に留まった。それを手に入れるために，今持っているおもちゃを手放して得ることができた。

　「つかむ」ことと「はなす」ことを繰り返しているだけの，名前もつかないような遊びである。誰もが体験した，どこにでもあるような子どもの姿であろう。しかし，子どもはここで大事なことを体験している。それは，獲得と喪失の関係である。砂やおもちゃを手に持つことは「獲得」，反対に手放すことは「喪失」である。あるものを獲得しても，次にもっと欲しいものができてそれを手に入れたいと思ったら，今手に持っているものは手放さなければならない。両手で2つ3つくらいは同時に持つことができても，別の物を手に入れるためには，今持っているものは諦めて手放す必要がある。

　人生はまるで獲得と喪失の連続である。その関係を，子どもは乳児期から遊びの中で体験し，学び始めているのである。

　これをどう理解するかは保育者の自由である。しかし，このような名前もつかないような些細な遊びにも大切な意味と学びがあると理解すれば，保育者は子どもの自ら始めた遊びを尊重し，できるだけ保障しようとしなければならない。時間的・空間的環境への構成努力である。つまり，子どもの遊びをどう理解するかによって，保育者の働きかけは変わるということである。少しでも子どもの今この瞬間に持って取り組んでいる願いを汲み取り，寄り添った保育をしたい。

2 砂場での遊び～原因と結果の関係

事例7－2

　ダウン症のF夫が砂場の手前に立っていた。私はF夫に「これであそぶ?」と言ってスコップを差し出した。すると彼はそれを取って砂場に入り，砂を救い上げたと思ったら，横にあった鳥小屋の壁に投げかけた。そして，この動作を何回も繰

り返した。私は真後ろで見ていたのであるが，何が面白いのか，なぜ何回も続けているのか分からなかった。表情一つ変えないのでまるで理解することができなかったのである。しかし，10回近く同じことを繰り返すので，私も同じようにやってみた。そしてやってみた瞬間，理解した。私の理解は次のとおりである。すなわち，スコップで砂を救い上げ手首を返すと，次の瞬間砂は鳥小屋のトタン板の壁に当たって「パシャッ」と音を立てる。手首を返すという原因に対して，音がするのが結果である。彼は原因と結果の関係をこの名もない遊びによって学んでいたのである。

私は，Ｆ夫のすることを傍で何回も見ていたにもかかわらず分からなかった。しかし，同じこと（遊び）をしてみたら，つまり共有したらすぐに「あっ，これが楽しいんだね。なるほどね」とつい叫んでしまうほど納得した。つまり遊びを共有したら共感できたのである。子どものしていること（遊び）を理解するためには，共有しなければ共感できない。共有すれば共感できるのである。

この遊びには続きがある。

　私は彼の気持ちが分かって嬉しくなったので，そのことを伝えながら遊び続けた。するとＦ夫の遊びが変化した。彼は砂を横の壁に投げかけるのではなく，上に放り投げた。するとその砂が私の頭に降りかかった。私は「あぁあ，かかっちゃった，かかっちゃった」と彼を見て言った。するとＦ夫の唇が少し微笑んだように見えた。彼はまた砂を上に投げた。再び私の頭に砂が降ってきた。今度は少し大げさに「あぁあ，かかっちゃったよ，もう」と大きな声とジェスチャーで頭の砂を振り落としました。すると彼が初めて声を出して笑ったのである。お互いの心がつながったと思われる瞬間だった。

「笑う」という語は「咲う」とも書く。つまり，心を開くという意味だと解釈できる。Ｆ夫がスコップで砂を救い上げ壁に投げかけていたときは寡黙であったが，遊びが続く中で，また，他者と一緒に遊ぶ中で，彼の心はほぐされ，開かれていった。その過程の中で笑いが起こった。そこには共感し共感される関係が生まれていると言ってよいだろう。心を閉じているとき人は笑うことができない。また，心を開くことは，心の内側を見せることであり，さらに心の外にある世界を内側に受け入れる用意ができたことを意味しているとも言えるのではないだろうか。この後も彼の遊びは続いた。そして，笑えない状況も起こるのであるが，Ｆ夫はそれらも受け止めて自分の遊びを展開していったのである。

3 まとめ

私は最初，彼を見たときメモ帳に「Ｆ夫は手をポケットに入れたまま何もしていない」と書いていた。しかし，その理解は間違っていたとあとで反省した。そ

して，「Ｆ夫は手をポケットに入れて，さあこれから何をしようかなと考えている」と理解する方がふさわしいと思った。この理解の仕方でいいかどうかは分からない。しかし，その後のＦ夫の遊びを共有し，心情の変化を垣間見たり共感できたという実感をもつと，彼は「何もしていない」のではなく「何かしたいと考えていたんだ」と理解できる。そして，双方に何かしら響き合うものがあれば，言葉によるよらないにかかわらず応答し合う関係が成立し，遊びはさらに展開していくのである。

このようなことから，子どもの遊びにおいて大切なことは，子どもに何か活動をさせることではなく，保育者側の考え方や動き方を変えて，どのようにしたらその子どもの遊びを成立・発展させ，面白い活動になるかを考えて応答することなのではないだろうか。

子どもが自らの意思によって行う遊びには必ず意味がある。子どもが自らする遊び（行為）に意味のないものはない。意味が分からないからといって意味がないことにはならない。意味が分からなくても意味があると信じ，子どもにとってどんな意味があるかを考える，読み取ろうとすることが保育者には求められているのである。

3 遊びを生み出す環境と保育者の役割

1 環境を通して行う教育・保育

それでは子どもが自らする遊びを生み出すために，どのような環境が必要なのだろうか。1989（平成元）年の『幼稚園教育要領』改訂のときから，保育の中心的なキーワードとなって今でも大切に継承されている「環境を通して行う教育」という言葉から考えていこう。この部分について解説書では次のように書いてある。

「環境を通して行う教育及び保育は，……園児が自ら興味や関心をもって環境に取り組み，試行錯誤を経て，環境へのふさわしい関わり方を身に付けていくことを意図した教育及び保育である。それは同時に，園児の環境との主体的な関わりを大切にした教育及び保育であるから，園児の視点から見ると，自由感あふれる教育及び保育であるといえる。」（『幼稚園教育要領解説』p.30）

まず，ここで注意したいことは，遊具や用具，素材などの物的環境が用意・配置されれば，それらの環境によって子どもを育てられるという単純なことではないということである。「環境を通して行う教育は，…幼児が自ら興味や関心をもって環境に取り組み」とある。環境を通して行うその前提の考え方として，子

どもとは主体的・能動的に周囲に働きかけて学びとることのできる存在であるということを、まず押さえておかなければならない。解説書にも「子供のもつ潜在的な可能性」「幼児一人ひとりの潜在的な可能性」と書かれてある。それは、子どもが一人ひとり違う個性、独自性をもったかけがえのない存在であるという意味である。したがってそれぞれの子どもの持つ興味や関心も違って当然である。それらのことを保育者はよく認識して、彼らに向き合わなければならないのである。

次に、幼児教育において重要だという「環境」という言葉について過去を振り返って考えたい。これは平成元年の改訂のときに初めて出てきたキーワードではない。1947年に施行された『学校教育法』の第77条（現在は第22条）に、「幼稚園は、幼児を保育し、適当な環境を与えて、その心身の発達を助長することを目的とする」とある。70年以上前から主張されてきたことを覚えたい。

さらに、そこから遡ること16年前の1931（昭和6）年に、前述の倉橋惣三は『就学前の教育』の中で、幼児教育・保育の目的を達成するための方法の特性を8つ上げ、その4番目に「環境的」という特性について書いている*。「幼児の環境は、幼児をして生活の自由感を生ぜしめ、新鮮味を感ぜしめ、おのずから自発の活動を誘発促進するものでなければならぬ」と。また、これは物による子どもの生活の誘導であるから「自発性を害われない」し、教育者の意図はその物の背後に隠れて直接子どもに働きかけない意味において「間接教育ということもできる」という。まさに、「環境を通して行う教育」の理念は、すでに戦前から倉橋によって強調されていたのである。現在の『幼稚園教育要領』や『保育所保育指針』等は、この思想（考え方）を継承していると言ってよいのである。

＊8つの特性とは、「生活本位」「遊戯の尊重」「社会的」「環境的」「機会の捕捉」「欲求の充実」「生活による誘発」「心もち」である。倉橋惣三『就学前の教育』（倉橋惣三選集第三巻）, フレーベル館, 1965。

2 時間と空間

では、「園児が自ら興味や関心をもって環境に取り組み、試行錯誤を経て、環境へのふさわしい関わり方を身に付けていく……園児の環境との主体的な関わりを大切にした教育及び保育……自由感あふれる教育及び保育」（前述の『幼稚園教育要領解説』p.30）を実現させる具体的な環境とは何であろうか。

まず取り上げたいのは時間である。子どもが本来自分の遊びを見つけて取り組むまでには、それなりの時間が必要である。もちろん登園してカバンを置くなり（または置きもしないで）目指す場所に走って行って遊び始める子どももいる。しかし、多くの子どもは登園してからふらふらと動き回ったり、保育者のエプロンの角を握ったまましばらく保育者にくっついて歩いていたり、または、保育者におんぶされたまま上から友だちの様子を見て回ったりしている。そのような一見無駄なような時間も、子ども自身が真に遊びだすためには保障されるべき必要

な時間である。通園バスが到着して数十分で朝の会が始まってしまって，その後も一斉的な活動で午前中が終わってしまうようでは，没頭して遊ぶことはまったく不可能である。このような生活が習慣化して，子どもが自分から遊ぼうとしなくなってしまったら大問題である。時間をかけて自分のやりたい遊びを見つけ，時間を気にしないで没頭し，自ら終結させるまで時間を保障できたら，どんなに良いだろう。そして，満足感と達成感に浸ることができるだろう。子ども時代にふさわしい生活のあり様とは，遊びによる自分の世界を満喫できることである。

　また，空間の保障も重要である。環境デザイン研究所代表の仙田満[*]が提唱する6つの遊び空間（自然スペース，オープンスペース，道スペース，アナーキースペース，アジトスペース，遊具のスペース）をすべて園内に用意できたら理想であろう。子どもは自らの主体性・可能性を発揮して遊ぶに違いない。ただ，子どもが自分の遊びを見つけ展開するためには，その場所がその子どもにとって存在可能な空間になっていなければならない。つまり，何よりまず優先されなければならないのは，子ども自身が安心して安定してそこにいられる空間としての環境づくりである。同じ場所（空間）でも，その子どもの心の持ちようによっては，その空間の意味は大きく異なってしまう。子どもにとって今いる場所が存在可能な空間（存在空間）として認識されて初めて，その場所は活動可能な空間（活動空間）になるからである。

　ボルノウ（*Otto Friedrich Bollnow*, 1903-1991）という哲学者は，自分が護られて存在できている感覚を「被包感（やすらぎ）」と表現して，「このような雰囲気の中でのみ，子どもは正しい発達をとげることができ，そしてこのような雰囲気の中心からのみ，子どもに対して，世界は意味をおびたその秩序を開示してくる」[**]と言う。つまり，保育者との信頼関係が築かれ，くつろいだ雰囲気の中で存在できたとき，その場所（空間）やそこにある遊具，玩具などは，その子どもにとって意味のある「環境」として子どもに働きかけるのだといえる。子どもが真の意味で遊び発達していくのはそこからである。「教師は，幼児との信頼関係を十分に築き，幼児が身近な環境に主体的に関わり……」（『幼稚園教育要領』の第1章第1幼稚園教育の基本）とか，「十分に養護の行き届いた環境の下に，くつろいだ雰囲気の中で……」（『保育所保育指針』第1章1⑵保育の目標㋐）とあるのも，この重要性をふまえてのことなのである。

　ところで，子どもの遊びを生み出すための重要な環境は，時間と空間だけではもちろんない。具体的な物的環境や友だちの存在も大きい。しかし，そのすべてをここに書き尽くすことはできないし，できたとしても，それらを子どもたちに適切に提供できなければ意味がない。次項では，自然という大きな環境の中に置かれたときの保育者の役割について述べていこう。

[*]仙田満：1968年環境デザイン研究所設立。こども環境学会会長，理事等歴任。

[**]ボルノウ著　森昭・岡田渥美訳『教育を支えるもの』p.49，黎明書房，1989，引用。

7章　子どもにとって遊びとは何か

3 保育者の役割

（1）　自然の教育力に信頼して随行する〜ペスタロッチから学ぶ

　世界の教育界に多大な影響を与えた教育思想家であり実践家であったペスタロッチ（*Johann Heinrich Pestalozzi*, 1746-1827）は，子どもに対する自然の教育力の重要性を実に分かりやすく述べている。彼の有名な言葉を引用しよう。

　「君は大自然の自由な講堂へ，君の子供の手をとって連れてゆくだろう。君は山や谷で彼を教えるだろう。……しかしこの自由の時間にあっては，自然の方が君よりもより以上の教師である。……ここでは自然が教え，君は随行する術をもってただ静かに傍を忍び歩かなくてはならない……小鳥の囀りが注意を喚起したり，珍らしい虫が木の葉の上を這ったりしている時には，君の言葉の練習を中止せよ。小鳥や虫の方が一層多くのことを一層よく教えているのだ。沈黙せよ。」*

　子どもと森に入ったときは，人間よりも自然の方がずっと子どもを教えている。だから教師は「黙っていろ」というわけである。ともすると何でも教えたがるのが教師であろう。尊敬するルソーの思想を継承したペスタロッチが，自然の教育力を見事に表現した一節である**。

　さらにペスタロッチは，保育者の役割として，自然が子どもを教えているとき「君は随行する術をもってただ静かに傍を忍び歩かなくてはならない」と勧めている。随行するとはどういう意味であろうか。これは手を引いて前を歩くのではない。後ろから押すのでもない。ただ主人に仕える従者や召使いのように，後ろからつき従っていく様を現しているのである。子どもの主体性をどこまでも信じて，自然の教育力に委ねる保育の精神がここにあると思う。

（2）　『幼稚園教育要領』と『保育所保育指針』に学ぶ

　遊びの重要性は，『幼稚園教育要領』や『保育所保育指針』のごく最初の部分を見れば明らかである。しかし，1998（平成10）年の改訂のとき『幼稚園教育要領』の第1章総則の「第1幼稚園教育の基本」の最後に，もう一段落加筆された。以下，現在のその引用部分である。

　「その際，教師は，幼児の主体的な活動が確保されるよう幼児一人ひとりの行動の理解と予想に基づき，計画的に環境を構成しなければならない。この場合において，教師は，幼児と人やものとの関わりが重要であることをふまえ，教材を工夫し，物的・空間的環境を構成しなければならない。また，幼児一人ひとりの活動の場面に応じて，様々な役割を果たし，その活動を豊かにしなければならない。」

　ここに加筆された背景についてここでは言及しない。ただ保育者は「計画的に……物的・空間的環境を構成しなければならない。」そこには保育者の果たすべ

＊ペスタロッチ『育児日記』（ペスタロッチ全集第1巻），p.231，平凡社，1774，1959，引用。

＊＊ルソーは，その代表的著作『エミール』の中で人間は三種類の教師（自然，人間，事物）によって形成されると述べた。この『エミール』に倣って，ペスタロッチは『育児日記』を書いた。

き「様々な役割」があるのだと強調していることに注目したい。今回の平成30年の改訂では，「教材を工夫し」という部分がさらに追加された。そして，この保育者の様々な役割の目的は，子どもたちの遊ぶ「活動を豊かにしなければならない」という言葉に帰結する。

　この意味するところは，ただ子どもが遊んでいればそれでいいということではない。彼らの遊びを認め，さらに発展・展開して充実していけるような援助が求められている。また，子どもの主体的で対話的な学びがもっと深まるように環境を再構成するようにという勧めである。したがって，そのためには保育者の研ぎすまされた資質・能力が求められる。子ども一人ひとりの特性を的確に把握し，理解して援助できる力，集団における個々の幼児へ関わる力，さらに保育者間の協力体制を築いていく力などである。これからの時代，園内・園外研修を通して，保育者としての専門性を高め合っていく機会がますます必要になってくるに違いない。

（3）　まとめ～再度倉橋から学ぶ

　どんなに研修会に参加し，保育の知識や技術を修得しても，保育者の資質や専門性が十分になるとはいえない。保育の日常における保育者の小さなふるまいが子どもの存在感を脅かすことが多々あることを忘れてはならない。たとえば，子どもに対する冷たい眼差し，心ない言葉，虐待一歩手前のふるまいなどである。これらは決して子どもの生活と遊びを楽しく豊かにするものではない。最後にもう一度倉橋の言葉を引用しておこう。

「いきいきしさ」

　子どもの友となるのに一番必要なものはいきいきしさである。必要というよりも，いきいきしさなくして子どもの傍にあるのは罪悪である。子どもの最も求めている生命を与えず，子どもの生命そのものを鈍らせずにおかないからである。

　あなたの目，あなたの声，あなたの動作，それが常にいきいきしていなければならないのは素よりあなたの感じ方，考え方，欲し方のすべてが，常にいきいきしているものでなければならない。どんな美しい感情，正しい思想，強い性格でも，いきいきしさを欠いては，子どもの傍に何の意義をも有しない。

　鈍いものは死滅に近いものである。一刻一刻に子どもの心を蝕み害わずにいない。いきいきしさの抜けた鈍い心，子どもの傍らでは，このくらい存在の余地を許されないものはない[*]。

＊倉橋惣三『育ての心』（倉橋惣三選集　第三巻所収），p.33，フレーベル館，1965，引用。

7章　子どもにとって遊びとは何か

4　まとめ

1 遊びを通して育つ力

　子どもが自らの意思で行う遊びの意味と必要性を説いてきた。遊びとは自発的で総合的な活動であり，自己発揮，自己充実に向かって行われる学習活動でもある。子どもの主体的な活動を促すとか，一人ひとりの特性に応じて保育するという方法は，子どもが自らする遊びによる保育に他ならない。それはまた，「幼児期の終わりまでに育ってほしい姿」に向かってなされる保育の方法でもある。

　ただ，一人ひとりの異なる遊びの表現を尊重する保育というものは，何か成果や結果を求めてなされるものではない。その日その時を充実して生き，その自信や意欲が，明日への意思を育て能力を養う。それが未来を切り拓く原動力になるのである。まさに生涯にわたる人格形成の基礎・生きる力の基礎がこれであり，認知的能力と共に，目に見えないいわゆる非認知的能力を培っているのである。

2 遊びによる保育のために～自由遊びと一斉保育への提案

　最後に，現在，保育の現場においてよく使われている「自由遊び」という言葉に言及してこの章を締めくくりたい。これは保育関係者であれば誰もが知っている市民権を得たような保育用語である。しかし，よく考えてみると，遊びとは本来自由なものである。自由を伴わない遊びは，遊びとは呼べない。

　そして，「自由遊び」という用語は，「一斉保育」「一斉活動」の対極にある概念のように保育現場では使われてきた。しかし，本当にそれでよいのだろうか。「今は自由遊びの時間ではないですよ」「一斉活動が終わったら遊びましょう」などと日常的に使われている感が今でもある。一斉保育というものが，子どもの自由感を奪い強制的にやらせるような保育に陥っていたら，それは時代遅れの保育であろう。しかし，一斉保育の名の下に行われる活動であっても，保育者の適切な導入によって，自由感に溢れた遊び（それは学び）になることも現実に多くある。

　したがって，子どもが自ら始めて豊かに展開する活動に価値と意味を見出すならば，自由遊びと一斉保育の時間をあえて区切って保育する必要がどこにあるのだろう。自発的活動としての遊びを尊重し生み出すために，保育者は子どもが一人で遊んでいるときも，集団で活動しているときも，その内実に目を止めてさらにその活動が豊かになるように援助すればよいのである。重要なことは，彼らの遊びの読み取り（理解）と教育的価値を含ませた環境の構成である。そうすれば，子どもは自らの興味関心に応じて，自由感を持って遊び，さらに自己充実を目指

95

して友だちと関わり育ちあってゆくだろう。これからはもう「自由遊び」とは言わないで，楽しい生活と遊びによる充実した保育の実現を目指してゆきたいのである。

【参考文献】

コメニウス著　稲富栄次郎訳『大教授学』玉川大学出版部，1956

フレーベル著　小原國芳・荘司雅子監修『人の教育』（フレーベル全集　第2巻）玉川大学出版部，1976

ペスタロッチ著，長田新編『育児日記』（ペスタロッチ―全集　第1巻）平凡社，1959

倉橋惣三『幼稚園雑草』『育ての心』（倉橋惣三選集　第二巻）フレーベル館，1965

ボルノウ著　森昭・岡田渥美訳『教育を支えるもの』黎明書房，1989

『教育思想事典』勁草書房，2017

文部科学省『幼稚園教育要領解説』フレーベル館，2018

厚生労働省『保育所保育指針解説』フレーベル館，2018

第8章

総合的指導としての保育

- ■ 乳幼児の生活・遊び・活動の総合的指導について理解する。
- ■ 遊びを通してどのような経験がなされるのかを多面的にとらえる視点をもつ。
- ■ 総合的な指導がなされるための，保育者の役割について考える。

1 乳幼児の生活と総合的指導

　ここでは，乳幼児の生活に視点を向け，保育における総合的指導について理解する。そのためには，乳幼児の姿を見きわめる視点を磨いていきたいものである。さらに，保育者としてどのように関わっていくことが望ましいのかを考えてみよう。この章の後半では，いくつかの事例を参考にしながら，さらに理解につなげていきたい。

1 遊びを通しての総合的指導とは

　幼児は遊びを中心とした生活の中で，主体的に活動を展開し様々な体験を通して育つ。そうした体験を通して，幼児の身の周りにあるあらゆるものと関わりながら，心身の発達に必要な体験を積み上げていく。幼児期は生活全般を通して多様な活動を経験していくが，それらは一連の流れの中で，相互に関わりあっている。こうした幼児期の生活や発達の特性をふまえ，「環境を通して行う教育・保育」を基にし，幼児の心身の健やかな育ちを保障してきたのである。こうした中において，保育者は望ましい指導，つまり総合的な指導が求められるのである。それは，日々の生活の中で子ども自身が主体的に環境に関わりながら育ちゆく乳幼児の姿をとらえ，保育をしていくことにある。ここでは，幼稚園・保育所，認定こども園などの保育施設に焦点をあて，乳幼児の生活の中での総合的指導について考えていくこととしたい。

（1）　『保育所保育指針』における総合的指導とは

　現行の『保育所保育指針』（平成29年告示，以下『保育指針』）第1章　総則にも，子どもが生活の中において，自発的，意欲的に関われるような環境を通し，子どもが主体的な活動や子ども相互の関わりができることを重要視している。総合的な指導については，「乳幼児期にふさわしい体験が得られるように，生活や遊びを通して総合的に保育すること。」*を基本としている。『幼稚園教育要領』ならびに『幼保連携型認定こども園教育・保育要領』と異なる点は，「総合的な指導」ではなく「総合的に保育する」という用語が用いられている点であるが，同等の意味を持つと考えられる。保育所においても，乳幼児は生活や遊びを通して，様々な発達の側面が連動しながら総合的に発達していくのである。特に乳児期は，未分化な状態でありながらも，発達に関わるあらゆる機能が密接に関連を遂げているのである。一つひとつが別々に機能したり発達するのではなく，総合的に発達に向かっていくということである。子どもの育ちを促すための保育の内容が，これらの子どもの発達過程をふまえた上でなされなければならないのである。したがって，園全体を通して組織的・計画的に構成される必要があるとし，

*厚生労働省『保育所保育指針』（平成29年告示）第1章1「保育所保育に関する基本原則」，引用。

8章　総合的指導としての保育

「保育所の生活全体を通して，総合的に展開されるよう，全体的な計画を作成しなければならない。」*と示されているのである。さらに，保育所における保育には，養護と教育を一体的に行うという特性が強調されている。それもそのはず，保育所は，発達過程の最も初期であるとされる乳児の生活の場であることが挙げられる。また，入所する乳幼児の保育所の生活時間は，おおむね10時間を占め長時間にわたる。さらに，保護者や家庭との連携，及び地域の子育て支援を担う役割も期待されている。これらのことから，養護の側面は色濃く表れて当然であり，保育所の機能を発揮するためには，養護は欠かすことができないとされる。養護と教育の一体性をより強く意識して保育を行われることが重要である。

＊厚生労働省『保育所保育指針』（平成29年告示）第1章3「保育の計画及び評価」，引用。

（2）　『幼稚園教育要領』における総合的指導とは

『幼稚園教育要領』（平成29年告示，以下『教育要領』）の第1章総則には，幼児の自発的な活動としての遊びについて，「遊びを通しての指導を中心として第2章に示すねらいが総合的に達成されるようにすること」**と示されている。幼児期は，生活の中での遊びを通して幼児自身が環境に働きかけながら，気がついたり，疑問に思ったり，知り得ていくことを日々実践している。こうして自発的に活動する中で，様々な体験を通して「心身の調和のとれた全体的な発達の基礎」***を築いていくとされる。また，第2章に示すねらいは，幼稚園教育において育みたい資質・能力を幼児の生活する姿からとらえたものである。具体的な内容については「幼児が環境に関わって展開する具体的な活動を通して総合的に指導されるものであることに留意しなければならない。」****と示している。このことは，どういうことなのであろうか。幼児は，全身を駆使して遊びを展開していく。遊びを通して心身のあらゆる面が相互に関連し，発達に結びついていくのであり，身体的な発達と情緒的な発達を別々に考えることではない。幼児自身が集団の中において，人との関わりや様々な体験を積み重ねながら，個々の発達につながっていく。そのためには，子ども自身が全身の感覚をはりめぐらしながら体験することが重要なのである。順番にこなしていくことや，一つひとつの領域ごとに切り離して考えていくことではないということである。

＊＊文部科学省『幼稚園教育要領』（平成29年告示）第1章第1「幼稚園教育の基本」，引用。

＊＊＊文部科学省『幼稚園教育要領解説』p.35，引用。

＊＊＊＊文部科学省『幼稚園教育要領』（平成29年告示）第2章「ねらい及び内容」，引用。

『幼保連携型認定こども園教育・保育要領』（平成29年告示，以下『教育・保育要領』）においても，『教育要領』と同じ内容が示されている。

2　園全体を通して子どもを育てる

ここでは，「生活，遊び，活動」に焦点をあて，乳幼児の生活全体をとらえることとする。子どもの生活，遊びは決して切り離して考えることはできない。一人ひとりの子どもの育ちにとって必要な経験が，生活，遊び，活動を通して日々

循環していくようなことであり，一つひとつを分割してとらえることではないことを理解したい。

1 乳幼児の「生活・遊び・活動」を見つめて

（1） 乳幼児の「生活」とは

「生活」という用語は，私たちの身の回りの様々な場面において用いられています。では，乳幼児の「生活」とはどのような意味を持ち，どのようなことを指すのでしょうか。ここでは保育の中における乳幼児の「生活」というものを考えてみることとする。

子どもの「生活」について，『教育要領』では，安定した情緒を基盤とした中で，幼児期にふさわしい生活が展開されることが示されている。また，『保育所保育指針』においては，子どもの生活のリズムを大切にすることが強調されている。これらのことは，乳幼児の生活を1日丸ごととしてとらえることが重要であり1日の生活時間は24時間という単位であることを，私たちは再認識する必要がある。つまり，家庭や社会での生活と，幼稚園や保育園における集団での生活の連続性ということに配慮し，保育を行わなければならない。また，家庭との連携は当然ながら，家庭や地域社会を通じて幼児の生活はさらに広がるものであり，幼児が生活の中において豊かな体験を得られることが期待される。

（2） 乳幼児の「生活」のとらえかた

乳幼児の「生活」の意味は，乳幼児の生活全体が乳幼児の育ちの場のすべてであるといえる。したがって，乳幼児の生活全体を「生活」と「遊び」を包括した一つの大きなかたまりとしてとらえるものである。その生活を基にしながら，子どもの興味関心や発達に応じた活動が展開されていく。生活と遊びとを分けたり，保育の営みの中で一つひとつを分断したり，区切ったりしながら行うことではないのである。

では，乳幼児の「生活」という大きなかたまりの中に，何が入っているのであろうか？　という視点で考えたい。そうすると，以下のように大きく二つの側面からその意味をとらえることができると考えられる。

まず一つ目は，子ども自身が日々の生活を通して，欲求が満たされることや主体性が尊重される生活がなされるということである。つまり，安心した環境の中で，安定した情緒をもとに心地よく過ごすことが保障される意味での「生活」であるということである。二つ目には，上述の内容を基盤に，子ども自身が興味関心を広げ，主体的に環境に関わり，遊びを中心に直接的・具体的な体験や経験を，積み重ねていくことが期待できる生活であるということにある。このことからは，保育の内容を意識した遊びや活動を通して，子ども自身が心を動かし，試行錯誤

8章　総合的指導としての保育

しながら発達していくことが可能となる意味での「生活」がなされるという意味
としてとらえることができる。このように，大きな二つの意味合いを整理するこ
とはできるが，必ずしも各々が別々に生活の中で行われているという考え方では
ないということを再確認したい。

（3）　保育の営みにおいて

　保育の営みの基本について，増田（2000）は，子どもと保育者（大人）が共に
創造することであるとし，生活と遊びについて「二分するのではなく，（遊びも
含めた）生活を通して総合的に保育することを考えたい。」*と述べている。さら
に，当然ながら「保育所，幼稚園，認定こども園という法的位置づけ，生活の場
の違いはあっても，共通であることを認識しておきたい」**という。これらのこ
とから，どのような保育機関であろうと乳幼児が育ちゆく生活の場において，意
識したい点や配慮事項は，次のように整理することができる。

> 乳幼児の生活全般における
> ●子どもの生活時間は24時間であることの再認識。
> ●子どもの生活リズムを大切にすること。
> ●情緒の安定，生理的欲求が満たされる生活であること。
> ●子どもが安心して自己を発揮できる場であること。
> ●遊びを含めた生活を通して豊かな体験が得られること。
> ●生活の主体は子どもにあること。

　上記で整理した事項は，保育を実践する上で，計画的に保育の環境を整えたり
構成したりしていくことに活かすべきこととなる。保育の営みにおいては，一人
ひとりの子どもの状況や，それぞれの生活の実態を把握して行うことが求められ
ている。第一に，子どもが安心して安全に過ごせる場であることはもちろんのこ
とである。また，一日の生活のめりはりにも配慮したく，ゆったりとした時間と
心身が活動的である時間とのバランスを考えたい。こうした中，子ども自身が十
分に活動し，充実感を得られることが大切である。そして忘れてはならないのが，
子どもが主体として尊重されることである。

（4）　乳児の生活と保育者の関わり

　子どもの育ちにとって必要な経験の一部が，園生活の中でなされていく場面を
覗いてみることとする。次の事例からは，子どもの姿が明確に見えるとともに，
個々の状況や生活体験の違いに応じた，保育者の関わりについても読み取ること
ができる。また，保育者が子どもの姿を丸ごと受けとめようとする視点と集団の
生活における他者への意識を向けようとする配慮などにも気づかされる。子ども
の姿や保育者の関わりについて目を向け考えたい。

Let's
かんがえてみよう！
乳幼児の一日の生活
（24時間）について考えて
みよう。

＊日本保育学会『保育学
講座3　保育のいとなみ
―子ども理解と内容・方
法』第5章　生活（増田
まゆみ），p.91，東京大学
出版会，2016，引用。

＊＊前掲書同。

事例 8 - 1 食べ方いろいろ- 2 歳児とぶどう-

本日の間食のメニューはぶどうです。ちいさな粒いっぱいのつややかなぶどうです。房をいくつかに切り分けられたものがお皿にのって，子どもたちの目の前にならびました。

A君は，指で房から一粒をつまみとり，自分の口に実を近づけ押し出し，吸って食べ，皮をよけました。となりに座っていたB君は，一粒だけを指でつまむことが困難で，何本かの指でむしり取ります。口の中に入れて噛んで，最後に皮を口から出します。保育者は，2人に対して「A君，プチュって食べたの。じょうずね。B君もできる？　A君みたいに，プチュって押して吸うんだって。」と，保育者が自分の指を自分の口に近づけ，擬音語を言いながら食べる真似をして見せました。B君は，A君や保育者の顔を見ながら真似をして口をすぼめて口にぶどうを入れてみます。

また，Cちゃんは，ぶどうを房から一つずつゆっくり取り，お皿のふちにネックレスのように並べています。それはそれは，物珍しそうな様子で，ぶどうを食べることよりも，つまんでむしることの面白さや力加減を実感しているそのものに見えます。保育者は，その様子に「わあ，Cちゃんいっぱいとれたのー？」と笑みを浮かべながら，声をかけます。Cちゃんは，「コレ　アケテ」とぶどうを持ち，保育者に中身を出してもらうように伝えます。保育者は，「Cチャンはまだプチュってできないかな～？」と声をかけながら，ぶどうの皮をつまみ，お皿の上に数個，実を出していきました。皮からだされたぶどうを，Cチャンは指でつかみ口に運びます。

それぞれの食べ方を保育士間で共有しながら，保育者は微笑ましく子どもの姿を見つめ，子どもと共に過ごしています。

こうしておやつの時間に，同じぶどうを食べることを通して，子どもの様々な姿が見えてくる。さらに，個々の姿に応じて関わろうとする保育者の細やかな配慮が感じ取れるの。それらを整理してみると次のようなことに気づくことができるのではないか。

・ぶどうを食べた経験の有無や，これまで家庭においてどうやって食べてきたか，など，子ども自身の生活の経験が異なることを瞬時に感じ取り，把握しようとしている。

・それらをふまえ，正しい食べ方を一律にということではなく，子どもの経験に応じた関わりをする様子が見られる

・ぶどうという食材（素材）をもとに，子どもの食べるという行為そのものだけではなく，身体的機能（指先）の発達にも視点を向けている。

・指で押すことや吸うことなど，食べるための身体な動きのみを伝えるのではなく，仲間へも意識を向けることや，模倣を通して興味を持てるように促している。

8章 総合的指導としての保育

・保育者間の共有や雰囲気作りが，みんなで食事をする楽しい時間として意識されていることがうかがえる。

3 生活をつくること

① 子どもの活動

（1） 子どもの主体的な活動のもとに

　幼児期にふさわしい生活が展開されるためには，子どもが主体的な遊びを中心とした生活を送ることが求められる。ただし，子どもが主体的に活動することは，「勝手に」「自由に」ということではない。

　保育を実践するためには保育者が幼児の経験を見通し，発達の特性をふまえた上で指導計画を作成することが求められる。しかしながら，計画的に指導を行うということは，計画の通りに生活をさせることや，行動できるようにするためではない。子どもの姿を予想して計画性を持って教育を行うことが目的となるのである。したがって，幼児の活動に応じながら，柔軟に指導することが同時に求められる。保育者が子どもの姿や興味関心をとらえ，今，向かおうと，あるいは育とうとしている姿を感じながら保育をしていく。そのためには，計画を立てる際に，子どもの実態，保育者の視点，家庭での状況等を把握して構成していくことが重要になる。日々の子どもたちが取り組んでいる様子をとらえ，子どもが何に心を惹かれているのか，何をしたいのか，生活や体験を共にしながら保育者が感じることが反映されていくことが大切なのである。そこには，保護者との対話や連携において把握した家庭での状況や，家庭における生活体験も含まれる必要がある。こうした対話を通して，計画という枠組みができあがるといえる。

（2） 子どもと共に作られる生活

　計画ができあがったから終わりではなく，保育を行いながらも，同時に保育を構想する視点を持ちながら実践しているということである。したがって，計画性のある指導というのは，一人ひとりの発達を促すための一つの道筋であり，子どもの発達を見通した上で，「活動の予想に基づいて環境を構成する」ことと，「一人ひとりの発達を見通して援助する」*ことを重視しなければならない。『保育所保育指針解説』にも，保育の振り返りや評価が，次の計画を生かす循環的な過程をたどることが示されている。つまり，子どもの実態に即し活動内容を検討し，さらに充実できるように，「環境の構成，教材研究，評価の結果に基づく保育の内容の改善が伴っていることが重要」**である。このことから，保育の計画は，子どもと保育者が一緒に作っているという見方もできるといえる。保育というも

＊文部科学省『幼稚園教育要領解説』p.97, フレーベル館，2018, 引用。

＊＊厚生労働省編『保育所保育指針解説』p.283, フレーベル館，2018, 引用。

103

のは，子どもが主体的に活動することと，保育者がその姿をうけとめ，柔軟な対
応をしながら，作り上げられていくものであるということが理解できる。

4 遊びと自己充実

1 子ども自身が生活，遊びを充実させていくこと

　幼児が多様な体験を重ねることは，発達の様々な側面に影響する重要な役目を
果たすということは，先にも述べた通りである。倉橋が，幼児自身の自己充実を
信頼して発揮させていくことであると述べているように，こうした生活の中で，
幼児自身が考えたり，判断したり，行動する中で，生きる力の基礎を身につけて
いけるように整えることが重要である。さらに，「幼稚園とは幼児の生活が，そ
の自己充実力を十分発揮し得る設備と，それに必要な自己の生活活動のできる場
所である。」*という。であるならば，幼児が関わる環境は豊かであることが望ま
しいが，だからといって，何でもふんだんに，やみくもに用意すれば良いという
ことではない。目の前の子どもが，今まさに何を感じ，何を求めているのかを探
りながら，むしろ精選しながら環境を用意する必要がある。遊びを通して，その
ものに興味・疑問を持ち，特性を知り，様々な視点で働きかけていけるようにす
ることである。子どもは，一つのモノやコトとの出会いから，次の体験に自ら広
めたりつないだりと，自身で関連させていくことができる。そこでは，仲間同士
の多面的な視点や対話を通して，さらに遊びを深めていく面白さを実感していく
ことにもつながっている。こうして子どもは，自身で生活を充実させていくこと
ができる有能な存在となるのである。

*倉橋惣三『幼稚園真諦
─倉橋惣三文庫①─』
p.32, フレーベル館, 2008,
引用。

2 心を動かされる活動から

　幼児自身が生活の中において，人やものとの関わりを通して，気がついたり心
が動かされる場面は数知れない。なかには，保育者の想像を超えるような，自然
の表れや季節ならではの様子などが偶然出会わせてくれる現象等もある。それら
は子どもにとっては，興味深いできごとであり，不思議を感じさらに知りたいと
いう探究心にもつながっていく。時には，予想と異なる体験をしたり，思い通り
にならなかったりして，悔しい思いをすることもある。また，原因を追究したり，
再挑戦しようとする気持ちを芽生えることにもつながる。あるいは，あきらめな
ければならない場面に遭遇することも，理解していくのである。それがまた子ど
もの育ちには必要といえる。
　次のエピソードからは，明確に大きく二つのことが読み取れる。一つは，子ど

Let's
話し合ってみよう！
自然との出会いや体験
から，心動かされた思い
出を話してみよう。

8章　総合的指導としての保育

もが夢中になっていることがらを通して，仲間と共に遊びが継続されている様子
である。二つ目には，自然や事象との出会いや関わりの中から，子どもの体験や
心情がうかがえる。さらに，保育者も子どもと共感したり一喜一憂しながら生活
を共にする様子が伝わる。

事例8−2　バッタがいない？−環境の中に応じながら−

　バッタ取りが楽しい季節，毎日毎日，園庭の草原でバッタ取りを楽しむ子どもた
ちがいる。いつものメンバーは，年長，年中の男児7～8名である。「昨日のバッ
タは，もういないかな。」「今日は，昨日より大きいのを見つけた。」バッタをつか
むと正面から横から観察し，じーっと顔を見つめる。「目が何色だ」，「歯みたいの
がある」「昨日のバッタより色が緑だ」と子どもの観察の視点はなかなか深い。
バッタをつかみながら観察するということは，その力加減が非常に難しい。つかみ
方が弱いとバッタは逃げるし，強すぎるとバッタはつぶれてしまう。しかも，握り
しめると手の中に隠れて見えないし，噛まれてしまう。これらを体験しながら指の
感覚を駆使して扱う子どもたちには，見事である。さらに，保育室に戻ると，虫の
図鑑を見て名称や種類を調べてみるなどを，毎日毎日繰り返す。
　保育者もこうした子どもたちが虫との関わりに心を引き付けられ，好奇心旺盛に
遊びこむ姿を，大変微笑ましくとらえていた。また，バッタについてさらに多くを
知ろうと図鑑で調べるなどの姿から，子どもの探究心や仲間と高め合う姿にも子ど
もの育ちを感じていた。子ども同士で興味感心や楽しさがより高まっていることや，
異年齢児の関わりへも広がり，遊びが継続されていることをとらえていた。
　ある日，いつもの通り子どもたちはバッタを探しに草原へ一目散。しかし，バッ
タが一匹もいない。いくら探しても出てこない。この日の子どもは，草原をひたす
ら下を向いて歩いたり，止まったり，しゃがんだりの繰り返し。誰一人として他の
遊びをしようとはせずに，この繰り返しである。
　子どもの感性には驚かされた。子どもいわく，草を刈られ，草が短くなったため，
バッタが隠れる場所がなくなったからだと。前日，子どもたちの降園後，園庭の環
境整備において，伸びてきた草を刈ったのであった。子どもたちは，園長先生のと
ころへ飛んでいき，「園長先生，もう草刈りしないで！」「バッタの家が壊された。」
と。園庭の環境整備をしたはずが，子どもにとってはまったくの逆で，まるで僕た
ちの楽しい遊びの場を，めちゃくちゃにされたという思い。これには，教諭も園長
先生も頭をかかえ，こんなことになるんだぁ……。と肩を落とした。自然界・生き
物の現象をあらわに実感したのであった。さらに，自然との出会いの中での学びは，
（子どもはもちろん我々も）大きい，ということを改めて知る機会となった。子ど
もたちが遊びを通して外界を知り，楽しい園生活を毎日築いてきた実際を，壊して
しまったという目の当たりにした思いである。バッタはあくまでも自然界のもので
あり，園が意図的に放したり，飼っているわけではない。もとに戻すもどうするこ
ともできない。
　子どもたちのバッタ探しは終わらない。同じ場所を何度も何度も。数日して，

105

バッタはいつの間にかいつもの草原に戻ってきて，子どもたちは大喜びである。子どもたちの言葉に救われた「引っ越して待っていてくれたんだね」と。一体どこを住処にして待っていてくれたのか……。安堵と反省の教諭たちである。

（島田ミチコ他『最新　保育原理』第4章「子どもを理解するために」，p.41（清水執筆箇所）事例の一部編集）

3 共有する体験

　子どもの生活や遊びが充実するということには，保育者や仲間と共に遊びを味わったり高めたりすることも含まれる。乳児や低年齢の子どもは，初めての集団生活の中において，他者への意識を向けることへの大きな一歩となる。そこで，保育者の働きかけによって，同じ仲間と一緒に楽しむということの喜びを感じられる時期となる。また，毎日過ごす保育者や仲間と生活を共にすることは，信頼関係や安心感にもつながり，より一層園における生活を充実できることにつながる。さらに，年齢が高くなるつれ，気の知れた仲間と一緒に過ごし遊ぶ中で，思いを共有することを実感したり，そのための方法も獲得していく。つまり，コミュニケーションの図り方が広がっていく。言葉で伝えることはもちろんのこと，相手の表情に気がついたり，相手の思いを汲んだり，自身の思いも調整したりすることができるようになる。こうした経験を繰り返しながら，仲間との遊びに没頭したり，工夫したり，さらに発展させたりして遊びを自らの力で充実させられるように育っていく。

4 ふりかえりと次への期待

　以上述べてきたことから，まさに今，夢中になっている関心ごとや没頭している遊びを仲間と共有することによって，さらに充実感は深まるものである。時には，その遊びの楽しさを味わうような機会であったり，次への続きや発展について期待できるような時間を，保育者が意図的に作ることも必要である。生活の中で，区切りの時間に次はどうしたいのか，明日はどんなことができるだろうかなど，問いかけることや子どもの声を聞き合うことの工夫ができる。子ども自身が振り返り，次の見通しや期待を持ち，また主体的に次の活動に関わっていけるように保育者が様々な方法で，工夫や準備をし，子どもと対話することが重要なのである。もちろんそれは，話し合いの中の発話や表現のみに頼ることや，発言の場面のみを取り上げることではない。日々，子どもの思いに寄り添うことや，日常の生活の中での子どもの姿に注意深く目を向け，自然に発せられた子どもの声に耳を傾け，時には保育者が代弁するような援助も必要であろう。

以下の事例には，上述の**3 4**の一連の流れについて，理解を深めることにつながりやすいであろう子どもの姿が示されている。

事例8－3　クモの家を作る－クモとの出会いから様々な遊びへ－

　ある日の朝，廊下の窓一面に大きなクモの巣が張ってあるのを保育者が見つけました。それは大人が見ても驚くほどの大きさで，見事なものでした。いつの間にできたのだろう感心するほどでした。中央には大きなクモもいます。保育者は，クモとクモの巣は外側にあることと，子どもが窓越しに観察する分には危険はないことを確認しました。そして，登園してくる子どもたちの気付きや反応を，期待するかのように待ちました。

　子どもたちが登園すると，数名の子どもがクモの巣に気が付いて反応しはじめました。あまりの大きさに，「こわい」と振り向くS君。「おーっ。すげーっ。でかいぞー」と大きな声でみんなを呼ぶように声を発するY君。その声で，次々に子どもたちが集まります。「クモの巣だー」「クモこわーい」「みえない。よけて」など思い思いの反応をし，入れ替わり立ち替わり窓越しに眺めます。窓を叩いて動かそうとしてみたり，昆虫図鑑をもってきて写真と見比べてみたり，クモの糸を窓越しに指でたどり，迷路遊びのように楽しむ子どももいます。子どもの疑問は尽きません。いつから作ったのか。一人で（一匹で）作ったのか。これは柔らかいのか。風が吹いたら壊れてしまうのか。そして，「クモはここに住んでいるんだ。クモの家ってすごいなぁ。」とまるで感心のまなざしです。

　このクモとの出会いから，子どもの遊びはどんどん広がります。Y君がクモの巣を作りたいという思いを口にし，保育者や仲間にイメージを伝えます。保育室全部に紐をめぐらせて，クモの家にする。というアイデアです。子どもたちと保育者は使用する素材を相談し，クモの巣の弾力性や引っかかった際の安全性を考えて，紙テープを用いました。しかしながら，使う量も膨大となるため，新聞紙を細長く裂きつなげることとしました。一部の子どもが始めた遊びですが，他の子ども何やらいつもとは違う様子や雰囲気に引き込まれ，自然に参加します。新聞を裂く子ども，つなげる子ども，壁に貼り付ける子どもなど役割分担がなされてきます。クモの巣の遊びは広がり，子どもたちからクモの巣の中で昼食を食べたいという意見が出ます。クモの巣をどんどん増やしながらも並行して写真撮影ごっこが始まったりもします。遊びが発展され継続するには，子ども同士が遊びの方向性や，イメージを伝え合うこと無くしては成り立ちません。遊ぶにつれて，クモの巣も取れたり壊れたりしてきます。保育者は，子どもたちがどうしたいのかを伝え合うことや，どうしたら良いのかに気付けるよう，タイミングを常に見計らっています。そして，声をかけてみることや，意見を伝え合う場面を作ったりします。クモの巣の補強も重ねながら，他のクラスの子どもを招いたりと，クモの巣の遊びは数日間継続し楽しまれました。

（今井真理他『保育の表現技術実践ワークーかんじる・かんがえる・つくる・つたえる－』Chapter 2－2「生活の中からの発見－日常・非日常的な出来事－」，p.26（清水執筆箇所）事例の一部編集）

Let's
かんがえてみよう！
事例8－3から，どのような遊びが発展できるか考えてみよう。

5 子どもの育ちと総合的指導

　ここまでみてきたように，総合的な指導というのは，あらゆるものを寄せ集めて総合的にするということではないのである。子どもの発達の諸側面が関連を持ちながら総合的に発揮されるということの理解と，子どもの生活・遊びや育ちを総合的に捉える視点を持つことが重要である。幼児期は生活全般を通した中で，あらゆるものにふれ，多様な活動を通して育っていくものであることは冒頭でもふれた通りである。子どもには，自身の生活を自身で生活をつくることや，子どもが自ら主体的に活動し育とうとする力が備わっているということを，頼もしく見つめたいものである。しなしながら，それは子どもにすべてをゆだねることではない。総合的な指導につながるような保育者の準備仕掛け作りと，子どもの姿をとらえる視点とが往来しながら，保育がなされることに意味を成すともいえるのであろう。保育者が意図を持ち，幼児の自発が発揮される上での総合的な保育がなされることが重要なのである。

【参考文献】

森上史郎・柏女霊峰『保育用語辞典』（第8版）ミネルヴァ書房，2016

文部科学省『幼稚園教育要領』（平成29年告示）

文部科学省『幼稚園教育要領解説』フレーベル館，2018

厚生労働省『保育所保育指針』（平成29年告示）

厚生労働省『保育所保育指針解説』フレーベル館，2018

内閣府・文部科学省・厚生労働省『幼保連携型認定こども園教育・保育要領』（平成29年告示）

内閣府・文部科学省・厚生労働省『幼保連携型認定こども園教育・保育要領解説』フレーベル館，2018

倉橋惣三『幼稚園真諦―倉橋惣三文庫①―』フレーベル館，2008

大豆生田啓友『倉橋惣三を旅する21世紀型保育の探究』フレーベル館，2017

ステファニー・フィーニィ，ドリス・クリステンセン，エヴァ・モラヴィク著　Who am I 研究会（代表：大場幸夫・前原寛）訳『保育学入門―子どもたちと共に生きる保育者―』ミネルヴァ書房，2010

第 9 章

保育の計画と記録

- ■保育の計画と記録の意義について理解する。
- ■全体的な計画と教育課程，指導計画などの関係や機能について理解する。
- ■計画，実践，記録，評価による保育の改善のあり方について理解を深める。

1 保育の計画はなぜ必要か

1 保育における計画の特性

　保育は環境を通して行われる。したがって，保育における計画とは，保育者によって決められた目標に向けて，子どもの行動を規定するためのものではない。保育における計画とは，子どもの生活や遊びが生まれ，充実する環境や場をつくるための計画である。

　保育は，保育者が立てた計画通りに子どもに「させる」ものではなく，そのときどきの子どもの状況や遊びの展開に応じて，子どもと共に環境をつくり変えながら，その環境や保育者，友だちとの相互作用を通して，遊びや生活を展開する過程である。子どもの生活の場において，子どもの自発性がより発揮され，持っている力を十分に発揮できるように，あらかじめ子どもの活動を予想し，環境を整えることで，子どもの主体的で能動的な活動を引き出すことを目的として，計画するのである。

　そして保育の計画は，目標志向的なものではなく，子どもの遊びや活動を引き出し，充実発展させるものであることから，その計画は実践の中で修正され，改善されるという特徴を持つ。保育実践は，その保育の流れや子どもの状況などがつくりだす「場」によって，その展開が変化するものであり，保育者はその場その場に応じて対応や役割に変化が求められる。こうした保育に求められる柔軟性や臨機応変な対応は，一見すると計画と矛盾するように映るかもしれない。しかし保育者が計画にとらわれすぎてしまうと，子どもの姿を見失って「させる」保育になってしまう恐れがあることには十分気をつけなければならない。その上で，無計画に思いつきで保育をするのではなく，子どもの姿に基づいて遊びや活動の展開を予想することや，環境や働きかけについて考えておくことによって，たとえ臨機応変な対応が求められる場合でも，落ち着いた対応ができるのではないだろうか。なぜなら計画するにあたって保育者は，いくつもの子どもの姿を予想して，可能性を探るからである。

　こうした保育の計画の特性をふまえ，その危険性と意義を十分に理解して，計画し，実践に取り組むことがまず求められる。

2 保育の計画はなぜ必要か

　保育の計画はなぜ必要なのだろうか。

　第1の理由は，幼稚園，保育所などが担っている社会的役割による。『教育基本法』第1条に示されているとおり，教育は人格の形成を目指し，平和で民主的

な国家及び社会の形成者として必要な資質を備えた心身共に健康な国民の育成を期して行うものである。また，幼児期の教育については，同法第11条に示されているとおり，「幼児期の教育は，生涯にわたる人格形成の基礎を培う重要なものであることにかんがみ，国及び地方公共団体は，幼児の健やかな成長に資する良好な環境の整備その他適当な方法によって，その振興に努めなければならない」こととされている。幼稚園や保育園，こども園などは，公私立を問わず，公的な援助を受けて保護者から子どもを預かり，幼児の心身の健全な発達を促すために，意図的，計画的な教育・保育を行う場なのである。

　保育の計画を明確にすることは，社会的な責任というだけでなく，保護者に対する説明という意味を持っている。公教育としての保育は，子どもたちに特定の能力や，個々の保護者が期待する偏った内容を提供するものではない。いいかえれば，子どもが将来自分の道を選択できるように，バランスよく様々な体験をし，諸能力を育てるものである。保護者に対して行う，自分たち保育者は，どのような保育をめざすのかという説明の中には，こうした公教育としての役割を説明することも求められるだろう。

　第2の理由は，保育者や職員の共通理解のためである。保育は，保育者個々人の判断に任されるところが多く，保育者の自律性が尊重されるものであるが，その一方で，共に保育を行っている同僚の間で，保育の目的や方向性，子ども理解などについて共有していることが求められる。その意味で，保育計画を作成することは，保育者や職員間の共通理解を図り，また，共通理解に基づく保育の土台を形成することなのである。

　第3は，当該の園での子どもの発達の道筋と経験について把握し，見通しを持って計画を立案するためである。具体的にどのような経験や活動の積み重ねがどのような子どもの発達につながるのか，これまでの園での経験から，当該の園の地域性や保育内容などの特徴のほか，個や集団の発達の順序や育ちの道筋を実質的に捉えるためである。

　第4は，保育者自身の準備，見通しのためである。保育者の個性による偏った内容にするのではなく，子どもの状況を的確に把握して，子どもの関心や発達状況にふさわしい調和のとれた保育内容とはどのようなものかを検討・選択し，そのために必要な環境や準備はどうするかを構想するためである。環境が提供しているものをどのように子どもの生活に取り入れ，生かすことができるのか，子どもの興味や関心，状態をふまえて，活動をより豊かにし，より質を高めるためのアイデアを出し合うことは計画の重要な側面である。

　第5は，そのように準備され，実践された内容を振り返り，自身の保育を評価し，続く実践に生かすためである。計画を立てることによって，保育者自身の子

どもの状態の把握と実践の予測，準備と援助などが適切だったかどうかを検証することができる。こうした積み重ねや共有によって，子どもや保育を見る眼を深め，保育の想像力と実践力を高めていくことができる。

2　保育の計画

　保育の計画にはどのようなものがあるだろうか。保育における計画は，大きく3つに分けられる。1つ目は，園の教育・保育の基本方針を全体的，包括的に示した「全体的な計画」であり，2つ目は，内容に応じて包括的に示されたもので，幼稚園における「教育課程」「学校保健計画」「学校安全計画」，保育所における「保健計画」「食育計画」などである。そして3つ目は，実際の生活や活動の具体的内容を示した「指導計画」であり，さらに「長期の指導計画」と「短期の指導計画」とに分けられる（表9−1）。

　これらは，幼稚園，保育所，こども園で若干異なるものがあるので注意しておきたい。

表9−1　保育における計画の種類と主な内容

園種	全体的，包括的な計画	内容に応じた包括的計画	具体的な保育計画
幼稚園	全体的な計画	教育課程	指導計画 ・長期の指導計画 ・短期の指導計画
		教育課程に係る教育時間の終了後等に行う教育活動の計画	
		学校保健計画	
		学校安全計画	
保育所	全体的な計画	保健計画	指導計画 ・長期の指導計画 ・短期の指導計画
		食育計画	
		防災計画	
幼保連携型認定こども園	全体的な計画（教育及び保育の内容並びに子育ての支援等に関する全体的な計画）	3歳以上児は幼稚園に準じて	指導計画 ・長期の指導計画 ・短期の指導計画
		3歳未満児は保育所に準じて	
		子育ての支援等の内容の計画	

9章　保育の計画と記録

1 全体的な計画

　いずれの保育施設においても，教育・保育の内容を包括的に示す計画として「全体的な計画」を作成することとされている。そして，それぞれの施設における「全体的な計画」には，共通する「幼児教育」として求められる内容を含むものとされている。これらは5領域の保育内容として示された「ねらい及び内容」に基づいて行われる乳幼児期にふさわしい生活や遊びを通して「育みたい資質・能力」であり，「幼児期の終わりまでに育ってほしい姿」として示されている。

　「全体的な計画」という用語は，2017（平成29）年の3つの指針・要領の改訂（定）時に，共通に使われるようになったものである。こうした背景には，社会の変化にともなう保護者の働き方や保育施設の利用のしかたが変化してきたことによるものと考えられる。すなわち，いずれの施設を利用する子どもであっても，保育時間が長くなり，3つの施設に共通する「幼児教育」以外の，「保育」時間が長くなっていること，3歳未満児の保育利用の増加などによって，子どもの一日の生活全体を視野に入れて保育，教育を行う必要が高くなってきたことなどである。

　施設種別にみた「全体的な計画」の特徴としては，幼稚園では「幼児教育」を主たる目的とする学校であるという性質上，「教育課程」を軸としている。それに対し，保育所は「全体的な計画」について，保育所の生活の全体を通して，総合的に展開されるよう作成することとなっている。また，幼保連携型認定こども園は，「教育及び保育の内容並びに子育ての支援等に関する全体的な計画」とされており，「子育ての支援等」に関する内容が含まれているのが特徴である。保育所とこども園では，「教育と保育の一体的展開」が特に強調されている点に注目しておきたい。

　3つの指針・要領における「全体的な計画」は以下の通りである。

「全体的な計画」幼稚園

　各幼稚園においては，教育課程を中心に，第3章に示す教育課程に係る教育時間の終了後等に行う教育活動の計画，学校保健計画，学校安全計画などとを関連させ，一体的に教育活動が展開されるよう全体的な計画を作成するものとする。　　　　　　　　　　　　　　　　（『幼稚園教育要領』第1章第36）

「全体的な計画」保育所

　ア　保育所は，1の(2)に示した保育の目標を達成するために，各保育所の保育の方針や目標に基づき，子どもの発達過程を踏まえて，保育の内容が組織的・計画的に構成され，保育所の生活の全体を通して，総合的に展開さ

れるよう，全体的な計画を作成しなければならない。

イ　全体的な計画は，子どもや家庭の状況，地域の実態，保育時間などを考慮し，子どもの育ちに関する長期的見通しをもって適切に作成されなければならない。

ウ　全体的な計画は，保育所保育の全体像を包括的に示すものとし，これに基づく指導計画，保健計画，食育計画等を通じて，各保育所が創意工夫して保育できるよう，作成されなければならない。

（『保育所保育指針』第1章3(1)）

「全体的な計画」幼保連携型認定こども園

……（こども園は）教育と保育を一体的に提供するため，創意工夫を生かし，園児の心身の発達と幼保連携型認定こども園，家庭及び地域の実態に即応した適切な教育及び保育の内容並びに子育ての支援等に関する全体的な計画を作成するものとする。

　教育及び保育の内容並びに子育ての支援等に関する全体的な計画とは，教育と保育を一体的に捉え，園児の入園から修了までの在園期間の全体にわたり，幼保連携型認定こども園の目標に向かってどのような過程をたどって教育及び保育を進めていくかを明らかにするものであり，子育ての支援と有機的に連携し，園児の園生活全体を捉え，作成する計画である。……

（『幼保連携型認定こども園教育・保育要領』第1章2節1(1)）

2 教育課程

　教育課程は，『幼稚園教育要領』にのみ記されているものであるが，保育所やこども園の特徴である「教育と保育の一体的展開」といわれる「教育」の部分と同様であり，保育所やこども園の「全体的な計画」に含まれる内容と共通していることを押さえておくことが重要である。

（1）　教育課程とは

　教育課程は，子どもの心身の発達や幼稚園，地域の実態に即して編成するものとされており，入園から修了にいたる在園期間全体を見通した成長の予想に基づく教育の全体計画である。したがって，教育課程は，各園の子どもの姿に基づいて編成される。入園したときの姿，入園後の子どもの姿の変容，環境や経験する内容，行事など，園によって異なるため，そうしたことも含めて修了までを見通して作成する。子どもの姿の変容によって保育の期の区切りなどについても合わせて検討する。教育課程は，実践のための計画の基準や手がかりとなるものであ

るが具体的な実践計画ではない（p.122〜表9－2参照）。

（2） 教育課程と幼児期の終わりまでに育ってほしい姿（10の姿）

　『幼稚園教育要領』においては「幼児期の終わりまでに育ってほしい姿（以下，「10の姿」）をふまえ，教育課程を編成することとされている。この点で特に気をつけなければならないことは，「10の姿」を到達目標として捉え，それを早くできるようになることが良いと誤解しないことである。年長児の終了間近に期待される「10の姿」に至るまでには，それぞれの年齢や時期にふさわしい経験や活動があり，修了時の「10の姿」につながる4歳児の姿や3歳児の姿がある。こうした子どもの育ちをていねいに捉える視点が求められる（図9－1，表9－3）。

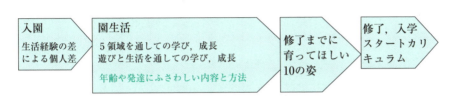

図9－1　幼児期の終わりまでに育ってほしい10の姿

（3） 教育課程の評価・改善（カリキュラム・マネジメント）

　教育課程はその実施状況を評価して絶えず改善を図っていくものであり，その実施のために必要な人的，物的な体制の確保と改善などを通して，教育課程に基づいて組織的かつ計画的に教育活動の質の改善を図るものとされ，これを「カリキュラム・マネジメント」と呼んでいる。そして，幼稚園の運営においては，園長の方針の下に，教職員が適切に役割を分担し，相互に連携しながら教育課程や指導の改善を図るものとされ，教育課程の編成と実施，改善が教育活動と幼稚園運営の中心であり，学校評価をカリキュラム・マネジメントと関連づけて行うこととしている。つまり，カリキュラム・マネジメントは，ひとり園長が行うものではなく，園の教職員一人ひとりが主体的に関わると同時に，教職員が一体となって実施していくものと捉えておくことが重要である。

カリキュラム・マネジメント

　各幼稚園においては，教育基本法及び学校教育法その他の法令並びにこの幼稚園教育要領の示すところに従い，創意工夫を生かし，幼児の心身の発達と幼稚園及び地域の実態に即応した適切な教育課程を編成するものとする。

　また，各幼稚園においては，6に示す全体的な計画にも留意しながら，「幼児期の終わりまでに育ってほしい姿」を踏まえ教育課程を編成すること，教育課程の実施状況を評価してその改善を図っていくこと，教育課程の実施

表9－3　「幼児期の終わりまでに育ってほしい姿」につながる各年齢の姿

	3歳児	4歳児	5歳児
健康	・園生活を知り，保育者や友だちとふれあい，安心感を持って過ごす。 ・自分のしたい遊び，活動を見つけ，身体を動かす楽しさを味わう。 ・保育者に見守られながら生活に必要な活動を自分で行い，園生活のしかたが分かる。	・保育者と友だちと遊ぶ中で満足感を持ち園生活を過ごす。 ・遊びを作り出し，十分に体を動かして遊ぶ。 ・生活に必要な活動を自分で行い，保育者の援助のもとで，自分たちの生活をつくり，見通しがもてるようになる。	・園生活をしていくうえで必要なことが自分でできることの充実感や満足感を持てるようになる。 ・自分のやりたいことに向かって，心と体を十分に働かせながら取り組めるようになる。 ・友だちと協力して自分たちの健康で安全な生活を作り，見通しを持って行動できるようになる。
人間関係	・自分でしたい遊び，活動を見つけ，楽しんで取り組む。 ・クラスの友だちと過ごすことを喜び，仲間意識を持つようになる。 ・して良いことや悪いことに気づき，行動できるようになる。 （家族のことなどを入れるか？） ・身近で遊ぶ友だちの遊びなどに興味を持つ。	・自分の考えや，イメージをもって工夫し，試行錯誤しながら遊び充実感を味わう。 ・保育者や友だちと関わりを深め，友だちの良さに気づき，一緒に遊ぶことを楽しみ，思いや考えを共有する。 ・して良いことや悪いこと，決まりを守る大切さが分かり，相手の考えや気持ちに気づくようになる。 ・花植えをきっかけに，地域の人の存在を知る。 ・遊びや生活に必要な身近な情報を取り入れ，自分たちで調べたり，伝え合ったり，活用したりする。	・主体的に遊びを生み出す中で，自分で考えたり，工夫したりして，あきらめずにやり遂げる満足感や充実感を味わう。 ・保育者や友だちとの関わりを深め，思いや考えを共有し，いろいろな考えに触れながら，自分の気持ちを調整したり，協力して遊び，充実感を味わう。 ・して良いことや悪いこと，決まりを守る必要性が分かり，相手の立場に立って行動しようとするようになる。 ・自分たちの生活と関係の深い地域の人々と触れあい，親しみを持つ。 ・遊びや生活に必要な情報を取り入れ，知りたいことを調べたり，伝え合うなどして役立てながら活動するようになる。
環境	・興味を持ったことに，自ら関わり，身近な自然物や物を使って作ったり遊んだりする。 ・保育者と一緒に自然の変化を感じ，関心を持つ。 ・園で育てている動植物に触れ，親しみを持つ。 ・遊びや生活の中で物の性質や数量，身近な図形に関心を持つ。	・進んで身近な自然や様々な物に触れ，身の回りにある物事への関心を広げる。 ・自然の変化を感じ，行事などを通して季節の変化に気づき，友だちと共有する。 ・身近な動植物に親しみを持ち，興味をもって見たり触れたりして，いたわる気持ちを持てるようになる。 ・遊びや生活の中で必要な数字や文字の読み方に関心を持ち，知ろうとする。	・自ら身近な自然や様々な物に触れ，発見すること，感じること，考えることを楽しむ。また，それらを生活に取り入れようとする。 ・季節による自然の変化を感じ取り，生活の変化に気づき，好奇心や探究心を持って遊びや生活に取り入れる。 ・身近な動植物に親しみを持ち，自分たちで世話などをして，いたわる気持ちをもつようになる。 ・遊びや生活の中で数量・図形・文字などに関心を持ち，自分たちの活動に取り入れ活用しようとする。
言葉	・生活の中で必要な言葉が分かり，困ったことやしてほしいことを保育者に伝えられるようになる。 ・担任や友だちと会話を楽しむ。 ・自分の好きな絵本を読んだり，皆で絵本や紙芝居を見ることを楽しむ。	・思ったことや感じたこと，経験したことを進んで保育者や友だちに伝えようとする。 ・保育者や友だちとの会話を楽しむ。言葉による表現を楽しむようになる。 ・絵本や物語などを興味をもって見たり聞いたりして，感じたことを言葉で表現するなどして友だちとイメージを共有し，表現を楽しむ。	・自分で思い巡らせたこと（思ったこと，考えたこと）を言葉で表現し，保育者や友だち，家族や地域の人などと言葉を通わせることを楽しむ。 ・人の話を聞き，相手を意識して話すなどして，自分の思いや考えが相手に伝わる喜びを味わう。 ・絵本や物語などに親しみ，様々な言葉に触れ，場面を想像したり，表現を楽しむことを通して，語彙や感性が豊かになる。
表現	・生活の中で気づいたり，感じた嬉しい，楽しい，きれいなどの感情や感覚を素直に表現し，保育者と共有する喜びを味わう。 ・音に合わせて体を動かしたり，自分なりに感じたことを表現して楽しむ。 ・友だちと一緒に活動する楽しさを味わう。	・遊びや生活での出来事を通し，感じたことや思ったことをすすんで表現し，友だちや保育者と共有することを楽しむ。 ・友だちと一緒に表現を楽しむ中で，様々な表現の仕方に気づき，認めたり，受け入れたりする。 ・クラスで目標を共有し，保育者の援助を得ながら，共通の目的意識を持って活動する楽しさを味わう。	・心が動く出来事や体験を通して得た感動や思ったことを，保育者や友だちと伝え合い，共有したり，表現することを楽しむ。 ・友だちと一緒に，表現活動のイメージを共有し，環境づくりや表現のしかたを工夫するなど，表現のプロセスの楽しさを味わうとともに，認めてもらう喜びを味わう。 ・仲間と協同して，様々な表現を作り出す喜びや楽しさを味わう。

116

に必要な人的又は物的な体制を確保するとともにその改善を図っていくことなどを通して，教育課程に基づき組織的かつ計画的に各幼稚園の教育活動の質の向上を図っていくこと（以下「カリキュラム・マネジメント」という。）に努めるものとする。　　　　　　　　　（『幼稚園教育要領』第1章第3　1）

3 指導計画

　幼稚園における「教育課程」や保育所における「全体的な計画」を具現化するために保育者が実践のための計画として作成するのが「指導計画」である。指導計画は，長期的に発達を見通した年，学期，月などにわたる「長期の指導計画」と，これらとの関連を保ちながらより具体的な幼児の生活に即した週，日などの「短期の指導計画」とに分けられる。これら指導計画の時期の区切り方や様式は特に決まっているわけではなく，それぞれの園の実態や活用のしかたなどによって創意工夫される。これらの関係を図式化したものが図9－2である。

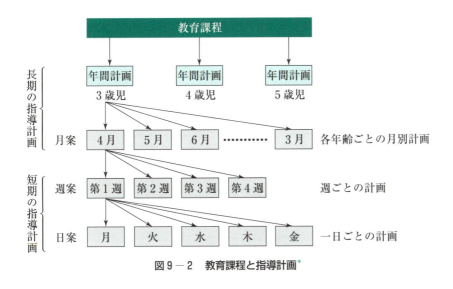

図9－2　教育課程と指導計画*

＊木山徹哉，太田光洋編著『教職論　保育者・教師の仕事をつかむ』p.91，ミネルヴァ書房，2017より

　保育における指導計画は，長期のものから，短期のものへと具体化されていくが，そのまま機械的に実践されるわけではない。子どもの様子に応じて，柔軟性を持って計画され，必要に応じて修正，改善されながら，日々の保育が積み重ねられていく。したがって，月曜日の実践後の振り返りによって，翌日の計画が修正されたり，変更されたりすることも珍しくない。この柔軟性こそ，保育における指導計画の特徴であり，計画作成の難しさであることを理解しておきたい。
　指導計画には，ねらいに応じて具体的な保育内容が明示される。したがって，

まず第1に，それぞれの園や子どもの実態に即した内容が具体的に検討される必要がある。地域の特性や子どもたちの生活環境，保護者の養育状況や養育態度などをふまえて，子どもの姿をていねいに捉えることが求められる。また，一般的な乳幼児期の発達の特徴や発達段階をふまえ，それぞれの時期にふさわしいねらいを検討することも必要である。

　第2に，子どもの遊びの様子などから，子どもの興味や関心を捉えておく必要がある。自主的，主体的に取り組む遊びにおいては，その子どもなりに楽しさを見いだしているのであり，それはすなわち子どもの中に育ちつつある力を育てているものといえる。「いま」の子どもの姿を捉え，先を展望し，願いを持つことから保育は計画されるといって良いだろう。

　こうした子どもの実態を起点として，指導計画が作成されるが，保育者の指導のねらいと内容は，保育者が予想する仮説であり，その実際は子どもの姿によって変わりうるものであることをあらためて確認しておきたい。計画通りに行われる保育が良いのではなく，環境や人との関わりの中で，子どもの経験や学びの質が高まるような実践を作っていくことが大切なのである。その意味で，保育の実践は子どもと共につくるものであり，保育の計画はその実践が展開する過程で必要に応じて変化する柔軟性を持ったものでなければならない。

3　保育記録の意義と視点

　以上のように考えると，保育における実践を記録することは，非常に重要である。指導計画が仮説であり，実践を通して変化するものであるとすれば，その実践を振り返り，なぜ，どのように変化したのかを確認しておくことは保育の質の向上に欠かせないものだからである。そして，記録を同僚と共有したり，保護者と共有することは，子ども理解を深めると同時に，環境や保育者の関わり，保育内容や方法などを精査することに役立つ。また，記録をとることは，実践している最中には気のつかなかったことを，あらためて振り返る機会になる。つまり，実践しているときに意識にのぼらなかったことにあらためて気づくのである。意識にのぼらないことは変えることができないが，意識できることは自分で変えることができる。すなわち，振り返って意識にのぼらせることで，保育する力を向上させているということができる。

　保育や子どもについて，他者と共有するための道具として，保育記録はなんでも思いつくままに書けばよいわけではない。そして，その後の保育に記録を生かし，有効なものにするためには，観点を持って記録することを欠かすことはできない。

118

保育の記録においては，大きく2つの観点を持っておくことが基本といえよう。一つは，保育の「ねらい」に対応して，記録することである。実践での子どもの姿から，ねらいに対応して，内容は適切であったか，環境づくりはどうだったのか，保育者の関わり，友だちとの関係はどうだったのか，などの方法はどうだったのかという観点から記録することである。これらは保育内容や方法を評価し，その改善に生かす視点といえよう。

もう一つは，それぞれの子どもについての記録である。毎日全員の記録をとる必要は必ずしもないが，印象に残った子どもの姿，気になったり，成長を感じた姿を記録しておくとよい。子どもの育ちは，一定に進むというよりは急に変化が見えることも多い。保育者が間近に子どもの姿を見ながら印象に残ったことを記録に残しておくことは，保育を通して育つ個々の子どもの目に見える部分だけでなく，見えにくい子どもの内面の育ちなどを捉えることにもつながるといえる（図9-3）。

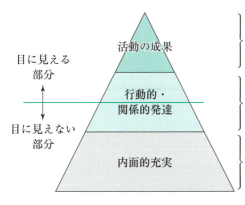

図9-3　保育を通して子どもに育つもの*

*関口はつ江・太田光洋『実践への保育学』p.142, 同文書院, 2003をもとに改変

4　保育の評価と改善

カリキュラム・マネジメントの実践は，絶えざる保育の改善による保育の質の向上をめざすものである。指導計画は保育の仮説であると前述したが，よく考えられた計画が，良い実践を生み，良い実践が優れた考察を導き，次の計画へと生かされていく。

保育を計画する際には，子どもの姿，環境構成，保育者の関わり，子ども同士の関係など，具体的な子どもの姿を想像しながら，様々な展開への可能性を考慮して，一つの計画へと昇華していく。そして，そこで検討された内容をふまえて

実践が展開されるのだが，最終的に計画したものではなく，計画を立てる段階で可能性として検討したことや，検討すらしなかったことなどが，実践では起こりうる。したがって，この計画のプロセスに加えて，実践のプロセスを振り返り，合わせて検討することによって，保育が成り立っているといえるだろう。

両者を振り返ることで，子ども理解が深まり，保育者のあり方が問われ，保育の質が向上していくといえる。その意味で保育は，【子どもの実態把握】→【計画（仮説）】→【実践】→【評価（考察）】→【改善】→【実態の捉え直し】→【計画】……という循環を繰り返すことで，成り立っている。一人ひとりの保育者が，保育を評価し改善を図るところに，保育の専門性があり，質の向上が保証されるのである（図9－4）。

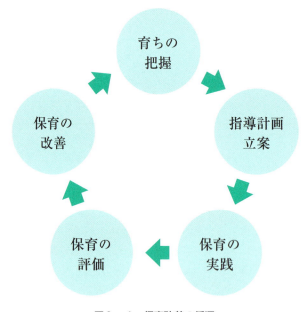

図9－4　保育改善の循環

こうした評価や改善は，一人ひとりの保育者に期待されるものであると同時に，組織として，協同して取り組まれることが大切である。保育者の専門性や自律性の保証は，保育者集団の保育観や子ども理解についての共有を土台としているからである。各園においては，園長を中心として，保育者一人ひとりが主体的に，また組織的に取り組むための具体的な工夫がされ，保育者としてのやりがいを感じられる組織運営や職場づくりが求められる。

【参考文献】

木山徹哉・太田光洋『教職論』ミネルヴァ書房，2017

関口はつ江・太田光洋『実践への保育学』同文書院，2003

太田光洋『保育内容の理論と実践』同文書院，2001

表 9 - 2　教育課程例① (年少)

教育課程

期	1 期	2 期	3 期	4 期
月	4月～5月3週	5月4週～6月3週	6月4週～7月末	9月～10月2週
子どもの姿	・不安な様子で登園してくる。新しい環境，遊びや活動に興味，関心を持ち自分でやってみようとする。	・笑顔で登園する。 ・皆と一緒に行動しようとする。 ・友だちに関心を持ち，「この子が」などの声が出る。 ・生活のリズムに慣れ，少しずつ所持品の始末をしようとする。	・友だちのマークシール，名前を呼びあえるようになる。 ・所持品の始末，着替えを積極的に行い，周りにも目が向き始める。 ・クラスでの集団ゲームの楽しさに気付く。(爆弾ゲーム，オオカミサン今何時？)	・生活のリズムに慣れる。 ・運動会の活動を通じて競争心や自己主張が強くなる。 ・友だちとの会話が増える。 ・友だち同士工夫し，考えながら協力し合って遊びの一体感を味わう。
期のねらい	・保育者に慣れ，安心して過ごす。 ・園生活の流れや約束事を知る。 ・新しい環境に慣れ，保育者と一緒に自分の居場所を見つける。	・園生活に慣れ，保育者や友だちと伸び伸び遊ぶ。 ・基本的な生活習慣を身につけていく。	・クラスの友だちと過ごしながら，自分のしたいことを十分に楽しむ。 ・クラスの仲間と過ごす楽しさを味わう。	・園生活のリズムが身に付き，伸び伸びと過ごす。 ・みんなで一緒に楽しさや一体感を味わい，仲間意識を深める。

保育の内容

	1 期	2 期	3 期	4 期
健康	・トイレの場所を知り，排泄の仕方を知る。 ・担任に慣れ，よりどころにして行動する。	・所持品の始末，着替えの仕方を知る。 ・戸外の遊具のルールを知る。	・食後の歯磨きの仕方を知り行う。 ・汗の始末の仕方を覚え，着替えたり，水分補給を行ったりする。 ・保育者や友だちと食べることを楽しみ，食べ物へ関心を持つ。	・生活習慣を見直し，園生活のリズムを取り戻す。 ・体を動かして遊ぶことを楽しむ。
人間関係	・自分の思いを受け止めてもらう経験をし，安心できる保育者を見つける。 ・保育者とのスキンシップや関わりを楽しむ。	・友だちのマークや名前を知り，関心を持ち，名前で呼び合う。 ・担任に安心感を抱き過ごす。	・友だちの遊びの様子を見たり，一緒に遊ぶことを通して，友だちへの興味を持つ。 ・遊びの中で共同の遊具やおもちゃを大切にしてみんなで使う。	・運動会の活動などを通して，みんなで一緒に取り組む楽しさを感じる。
環境	・自分のマークやロッカー，下駄箱を覚え，所持品の始末の仕方を覚える。 ・好きなおもちゃや遊びを見つける。	・戸外の遊びの際，園庭にいる虫や花に関心を持って見たりさわったりする。	・自分の気持ちやおもちゃを丁寧に扱う。 ・保育者と一緒に見て，野菜の生長や変化に気付き，収穫を喜ぶ。	・担任と一緒に見て稲の生長に気付き，お米の収穫を喜ぶ。 ・おはようブックに日付表を見てシールを貼り，形や数字に興味を持つ。
言葉	・保育者に見守られながら自分の気持ちや欲求を表現し，受け止めてもらう。	・担任に欲求や気持ちを言葉やしぐさ，表情で伝えようとする。 ・自分で好きな絵本を見たり，クラスで絵本や紙芝居をみんなで楽しむ。	・遊びの中で友だちに「入れて」「いいよ」「かして」など必要な言葉が言える。 ・担任にしてほしいことを言葉で表現したり，分からないことを尋ねたりする。	・遊びや生活の中で気付いたことなど友だちや保育者に話す。
表現	・保育者と一緒に手遊びや歌を楽しむ。	・クラスの友だちと一緒に歌をうたうことの心地良さを感じる。	・カスタネットの使い方を知り，リズム遊びを楽しむ。 ・夏ならではの遊びを友だちや保育者と存分に楽しむ。	・友だちの前で，音楽に合わせて伸び伸びと体を動かし，表現することを楽しむ。
主な行事	・入園式 ・こどもの日たのしみ会 ・なかよしパーティー ・動物公園遠足	・三角公園遠足	・創立記念日 ・七夕たのしみ会	・運動会 ・敬老参観

9章　保育の計画と記録

年少　すみれ　　日付　　年　　月　　日

5期	6期	3歳児の終わりまでに育ってほしい姿	
10月3週～12月末	1月～3月		
・頼らずにやり遂げようとする。 ・話を聞く姿勢が身についてくる。 ・数字に意識を持ち始める。 ・クラスでつくりあげた作品に達成感を味わう。	・休み明けから一人で正門から登園してくる（進級する意識が高まっている） ・食べ物に関心を持ち始める。 ・当番活動へ意識がさらに高まる。 ・感じたことや思ったことを自分の言葉で言えるようになる。	健康	・園生活を知り，保育者や友だちとふれあい，安心感を持ってすごす。 ・自分のしたい遊び，活動を身につけ，体を動かす楽しさを味わう。 ・保育者に見守られながら生活に必要な活動を自分で行い，園生活の仕方が分かる。
・いろいろな活動や行事に喜んで参加し，達成感を味わう。 ・保育者や相手の目を見て話を聞く。	・遊びや活動を通じて，保育者や友だちとの関わりを深める。 ・一年間を振り返り，楽しかったことや嬉しかったことも思い出し，互いの成長を認め合う。 ・みんなで年中になることを楽しみに過ごす。	人間関係	・自分でしたい遊び，活動を見つけ楽しんで取り組む。 ・クラスの友だちと過ごすことを喜び，仲間意識を持つようになる。 ・して良いことや悪いことに気づき行動できるようになる。 ・身近で遊ぶ友だちの遊びなどに興味を持つようになる。
・着替え等，身の回りのことを進んで行い，自分でできることへの満足感を持つ。 ・自分の健康や風邪予防に関心を持ち，進んで手洗いやうがいができるようになる。 ・戸外遊びで自分のやりたいことを見つけて遊ぶ。	・基本的な生活習慣を見直し，一つひとつ丁寧に行う。 ・寒さに負けず，戸外で思い切り体を動かして遊ぶ。 ・自分のしたい遊び，活動を見つけ進んで取り組む。	環境	・興味を持ったことに自ら関わり，身近な自然物や物を使って作ったり遊んだりする。 ・保育者と一緒に自然の変化を感じ，関心を持つ。 ・園で育てている動植物に触れ，親しみを持つ。 ・遊びや生活の中で物の性質や数量，身近な図形に関心を持つ。
・敬老参観をきっかけにおじいちゃんおばあちゃんと関わることを楽しむ。 ・異年齢の友だちに関心を持ち，自分たちもやってみようとする。	・活動や遊びを通して，1年間過ごしてきたクラスの居心地の良さを感じる。 ・クラスの友だちのことが分かり，仲間意識を持つようになる。		
・園生活の流れを知り，行動しようとする。 ・自然の変化に気付き，秋への移り変わりに関心を持つ。 ・興味を持つことに，身近な素材を使って，作ったり遊んだりしようとする。	・冬の自然や気温に関心を持つ。 ・すすんで環境に関わり，身の回りにある物への関心を広げる。 ・進級に期待を持ち，新しいクラスの準備を行う。	言葉	・生活の中で必要な言葉が分かり，困ったことやしてほしいことを保育者に伝えられるようになる。 ・担任や友だちと会話を楽しむ。 ・自分の好きな絵本を読んだり，みんなで絵本や紙芝居を見ることを楽しむ。
・友だちの話や発表を，関心をもって聞く。 ・遊びの中で自分の気持ちや考えを保育者や友だちに伝える。 ・担任や他の保育者を仲立ちに話したり聞いたりして，いろいろな考えに触れる。	・うれしいことやかなしいことを言葉で担任や他の保育者，友だちに伝える。 ・思いを伝えることにここちよさを感じ，言葉による表現を楽しむ。	表現	・生活の中で気づいたり感じた，うれしい，楽しい，きれいなどの感情や感覚を素直に表現し，保育者と共有する喜びを味わう。 ・音に合わせて体を動かしたり，自分なりに感じたことを表現して楽しむ。 ・友だちと一緒に活動する楽しさを味わう。
・遊戯や表現遊びに触れ，友だちと一緒に表現することを楽しむ。	・楽器に触れ，音やリズムを楽しみ，みんなで合奏する喜びを味わう。 ・一年間で描いた絵を振り返る，いろいろなことができるようになったことを喜ぶ。 ・日々過ごす中で発見したこと，感動したことを伝え合う楽しさを味わう。		
・芋ほり ・おみせやさんごっこ ・クリスマス発表会	・節分たのしみ会 ・音楽発表会 ・作品展 ・ひなまつりパーティー ・お別れパーティー ・終了式		

123

表9－2　教育課程例②（年中）

教育課程

期	7期	8期	9期	
月	4月～6月末	7月～7月末	9月～10月2週	
子どもの姿	・新しいクラスでの不安定，緊張。 ・遊びの幅がせまい。 ・はさみ等の道具を使うことを楽しむ。 ・特定の友だちと遊ぶ姿が増える。 ・年少と関わる中で進級への自覚が増す。	・自分の欲求や思いを言葉にする。 ・友だちの名前を呼びあう姿が増えて，一緒に遊ぶことを楽しむ関わりが増える。 ・数字への関心が高まる。 ・諦めが早い。	・身の回りのことを積極的に行い，速やかに終えられる。 ・語彙が増え，会話を楽しむ。 ・食事の量が増える。	
期のねらい	・進級の喜び合い，担任や友だちに親しみをもち喜んで登園する。 ・園生活の大体の流れが分かり，約束ごとの大切さに気付く。	・友だちと楽しく遊び，関わりを広げ深める。 ・友だちの気持ちを考えたり，自分の思いを表し，自ら行動しようとするようになる。	・園生活のリズムを取り戻し，夏休みの出来事を話したり聞いたりする。 ・友だちの気持ちを考えながら仲良く遊ぼうとする。 ・目的に向かって仲間と協力し，	

保育の内容

健康	・基本的生活習慣を見直し，みんなで確認し合う。 ・担任や友だちと触れ合い，安定感をもって行動する。 ・戸外遊びでの安全な遊具の使い方を知る。	・保育者や友だちと十分に体を動かして遊び，その楽しさや満足感を味わう。 ・汗の始末や水分補給，衣服の調節等を自分でしようとする。 ・自分の歯に興味を持ち，歯の大切さを知る。 ・栽培などを通じて，食べ物への興味や関心を持つ。	・熱中症について知り，保育者の補助を得ながら水分補給したり，休憩する。 ・友たちとの会話を楽しみながら食べる。 ・自分で収穫したり，夏野菜を食べたりして，食べ物への興味や関心を持つ。	
人間関係	・進級した喜びを感じ，担任や友だちに親しみをもって過ごす。 ・クラスでの共同の道具や用具の使い方を話し合い，みんなで大切に使う。 ・なかよし週間やなかよしパーティーで異年齢の友だちと進んで関わろうとする。	・仲の良い友だちと一緒に遊ぶ楽しさを味わう。 ・遊びや生活を通して，自分とは違う考えや相手の気持ちに気付く。 ・興味のある者や遊びについて，保育者と話したり，一緒に調べたりする。	・運動会に向け，仲間と協力して取り組む楽しさを味わう。 ・共同の道具を大切に使う。 ・仲の良い友だちと自分の思いや考えを出し合い，遊びや活動に取り組む。	
環境	・新しいお部屋，自分のマーク，下駄箱やロッカーの場所を覚える。 ・小鳥の世話の仕方を知り，クラスのみんなと愛情をもって世話をする。 ・戸外遊びで身近な動植物に好奇心や探究心をもって関わる。	・クラスの仲間と野菜や種，草花の生長に興味を持ち，自分たちで世話し，いたわり大切に育てる。 ・身の回りのいろいろな生き物に関心を持ち，喜んで自分たちで捕まえたり，観察する。	・クラスの仲間と野菜や稲の生長に興味を持ち，収穫を喜ぶ。 ・植物の生長や収穫したものの形や重さを比べたり，数えたりして数量や形などに興味を持つようになる。	
言葉	・登園時朝の活動で，挨拶や返事など自ら進んで気持ちよくできるようになる。 ・「こまっていること」や「したいこと」「してほしいこと」等を担任に言葉で伝えられる。 ・いろいろな絵本や物語を楽しみ，想像したり遊びに取り入れようとする。	・思ったことや感じたことを保育者や友だちに自分の言葉で伝えようとする。 ・保育者や友だちの話を集中して聞こうとする。 ・保育者や友だちの話を聞いて，内容を理解したり，良いところに気付く。	・身近な大人や友だちに進んで挨拶をする。 ・新しいことに挑戦している友だちに応援する気持ちを伝え，励ましの言葉をかけられるようになる。	
表現	・担任やクラスの友だちと手遊びや歌う楽しさを知る。 ・のり，はさみなどの材料や道具の安全で正しい取り扱い方を確認する。	・当番カードや七夕制作でいろいろな素材に親しみ，その扱い方や工夫を知る。 ・経験したことを様々な方法で表現する楽しさを味わう。 ・遊びに必要な道具や物をそれぞれが作ることを楽しむ。	・運動会などの表現活動を通して，音楽に合わせて伸び伸びと体を動かす。 ・友だちの表現に興味をもって見たり，一緒にしようとする。 ・様々な素材に触れ，製作遊びを楽しむ。	
主な行事	・入園式 ・こどもの日たのしみ会 ・なかよしパーティー ・動物公園遠足 ・千葉公園　・屋外保育	・創立記念日 ・七夕たのしみ会	・運動会	

9章　保育の計画と記録

年中　ゆり　日付　　年　　月　　日

10期	11期	4歳児の終わりまでに育ってほしい姿	
10月3週〜12月末	1月〜3月		
・動きが活発になって一体感が出る。 ・友だちの輪が広がり，自分の思いを言葉にする中でトラブルが増える。 ・友だちの良い姿を認める言葉が増える。	・自分の思いを言葉にして，相手の意見を聞き，話し合いが子どもたちだけでできる。 ・氷作りなどで試行錯誤してとりくむ姿が見られる。 ・進級への期待が高まる。 ・目的に向かってくり返し取り組める。	健康	・保育者や友だちと遊ぶ中で満足感を持ち，園生活を過ごす。 ・遊びを作り出し，十分に体を動かして遊ぶ。 ・生活に必要な活動を自分で行い，保育者の援助の下で，自分たちの生活を作り，見通しがもてるようになる。
・友だちと意見を出し合いながら楽しく遊ぶ。 ・いろいろな友だちと一緒に遊ぶことを楽しむ。 一体感を味わう。	・基本的生活習慣を見直し，しっかりと身につける。 ・いろいろな楽器を使い仲間と気持ちを合わせて合奏したり歌を歌い，音楽の楽しさを味わう。 ・仲間との共通の目的をもって活動に取り組み，協力することの楽しさや充実感を味わう。 ・進級に期待を持ち自信を持って意欲的に生活する。 ・いろいろな友だちと関わりを深めながら遊びや活動を楽しむ。	人間関係	・自分の考えやイメージをもって工夫したり，試行錯誤しながら遊び，充実感を味わう。 ・保育者や友だちと関わりを深め，友だちの良さに気付き，一緒に遊ぶことを楽しみ，思いや考えを共有する。 ・して良いことや悪いこと，決まりを守る大切さが分かり，相手の考えや気持ちに気付くようになる。 ・花植えをきっかけに，地域の人の存在を知る。 ・遊びや生活に必要な情報を取り入れ，自分たちで調べたり，伝え合ったり，活用する。
・寒暖に合わせて衣服の調節や汗を拭いたりしようとする。 ・自ら進んで体を動かし，友だちと一緒に運動したり，遊びを楽しむ。	・クラスの仲間と一緒に基本的な生活習慣を見直し，健康な生活づくりと風邪や集団感染の予防に対する意識を高める。 ・身の回りを清潔にし，生活に必要な活動を自分から進んで行う。	環境	・進んで身近な自然や様々なものに触れ，身の回りにある物事への関心を広げる。 ・自然の変化を感じ，行事を通して季節の変化に気付き，友だちと共有する。 ・身近な動植物に親しみをもち興味をもって見たり触れたりして，いたわる気持ちを持てるようになる。 ・遊びや生活の中で必要な数字や文字の読み方に興味を持ち，知ろうとする。
・行事の取り組みを通して達成感や充実感を味わい，仲間意識をもって一緒に取り組む喜びを味わう。 ・友だちとの遊びの中で考えを出しながら協力して遊ぶことを楽しむ。 ・三角公園の花植えを通して地域の人々に親しみをもつ。	・いろいろな遊びに取り組み，いろいろな友だちと一緒に遊ぶ楽しさを感じる。 ・困っている友だちに自ら関わる。 ・自分で考えて，進んで行動しようとする。 ・ルールを守りながら，友だちと創り出した遊びを楽しむ。 ・一年間を振り返りお互いの成長を認め合い，年長の活動について知り，進級を楽しみに待つ。	言葉	・思ったことや感じたこと，経験したことを進んで保育者や友だちに伝えようとする。 ・保育者や友だちとの会話を楽しむ。 ・言葉による表現を楽しむようになる。 ・絵本や物語などを興味をもって見たり聞いたりして，感じたことを言葉で表現するなどして友だちとイメージを共有し，表現を楽しむようになる。
・戸外遊びや園外保育で身近な自然に触れ，気温の変化を感じたり，季節の変化に気付く。 ・自然に触れて遊んだり，自然物を取り入れて遊びを楽しむ。 ・水栽培のクロッカスやヒヤシンスを自分たちで育て，根のようすや生長に興味を持つ。	・雪や氷など，自然の身近な事象や変化に関心を持ち，取り入れて遊ぶ。 ・正月遊びや伝統的な遊びを楽しむ。 ・気温の変化や動植物を通して身近な自然に関わり春の訪れを感じる。	表現	・遊びや生活の中での出来事を通し，感じたことや思ったことを進んで表現し，友だちや保育者と共有することを楽しむ。 ・友だちと一緒に表現を楽しむ中で，様々な表現の仕方に気付き，認めたり，受け入れたりする。 ・クラスで目標を共有し，保育者の援助を得ながら，共通の目的意識をもって活動する楽しさを味わう。
・絵本や物語のイメージを持って，物語の役になり切って台詞や歌でやり取りをし，ストーリーの展開を楽しむ。 ・様々な場面で話し合って，いろいろな言葉遊びや絵本などに触れ，イメージや言葉を豊かにする。	・挨拶の大切さを理解し，進んで行う。 ・お互いの話を聞いたり，思ったことを話すなど，保育者，友だちとの会話を楽しむ。 ・仲の良い友だちと遊びの中でアイデアなどを出し合い，イメージを共有して遊びを楽しむ。 ・クラスの仲間と話し合う中で，友だちの意見や考えを聞き自分の考えも言えるようになる。 ・年長児と楽しく遊んだ日々を振り返り「ありがとう」のきもちを伝える。		
・発表会などを通し，簡単なダンスやジェスチャー等，いろいろな表現を楽しみながら自信をもって自分の役を演じる。 ・おみせやさんごっこの品物作りなどを通し，いろいろな素材の性質を知り，作り方を工夫して遊ぶ。	・いろいろなリズムを知り，クラスの仲間と気持ちを合わせて合奏を楽しむ。 ・作品展に向けて，保育者に支えられながらクラスのみんなで力を合わせて作品を創り上げ，一体感や達成感を味わう。 ・一年間で歌った歌や，制作した作品を振り返り自分の成長に気付いたり感じたりする。		
・敬老参観 ・芋ほり ・おみせやさんごっこ ・クリスマス発表会	・節分たのしみ会　　・ひなまつりたのしみ会 ・音楽発表会　　　　・お別れパーティー ・作品展　　　　　　・終了式		

125

表9－2　教育課程例③（年長）

教育課程

期	12期	13期	14期	
月	4月～5月3週	5月4週～7月末	9月～10月末	
子どもの姿	・進級への緊張・期待。 ・3歳児へのかかわり方にとまどう姿がみられる。 ・やろうとする意欲はあるが，集中が持続せず行動が伴わない。 ・保育者と打ち解け，自分が出せるようになる。	・環境に慣れ，身の回りのことを進んで行う。 　→自信がつく。 ・異年齢の友だちと進んで関わるようになる。 ・制作面でどうしていいか分からないでいる。 ・遊びの見通しがたつ。時間への意識を持つ。 　・工夫したり考えたりして遊ぶ。 　・図鑑を使って自分で調べようとする。 　・年長になったという自覚を持つ。	・体が育ち，体力がつく。 ・2学期への期待を持っている。 ・活発に体を動かして遊ぶ。 　・勝ちへのこだわりが強くなる。 　・組体操など協力する経験を通して，思いやり，我慢，譲り合いができるようになる。 　・集中力が増す。 　・運動会を通して達成感と自信を持つ。	
期のねらい	・新しい環境に慣れ，安心して友だちや担任と過ごす。 ・年長になった自覚や自信をもち，何事にも意欲的に取り組む。	・自分で考えて遊んだり，行動できるようになり充実感を味わう。 ・見通しを持った行動ができるようになる。	・一人ひとりが十分に力を発揮する。 ・みんなで共通の目標を持ち，諦めずに挑戦する。 ・やり遂げた時の達成感，一体感を味わう。 ・協力していく中で認め合う。	

保育の内容

	12期	13期	14期	
健康	・担任とのスキンシップをもとに，信頼関係を築いていく。 ・園生活をクラスで確認し，自分たちで生活を作っていく見通しを持つ。 ・集団遊びを通して担任や友だちとふれ合い，安心感をもって過ごす。 ・2階で過ごすうえで必要なルールや，災害時の避難の仕方を知る。	・生活習慣の必要性を理解し，できるという自信をもとに自発的に行う。 ・時間の読み方や時間の経過を知り，見通しが立てられるようになる。	・友だちとの再会を喜び，楽しく過ごす。 ・運動会に向けての取り組みを通して，自分の体を十分に動かし，進んで挑戦する。 ・自ら注意して水分補給をしたり，休憩したりする。 ・担任の話を聞いて一日の活動に見通しを持ち，行動する。 ・運動会，卒園旅行などを通して保育者や友だちとの信頼関係を深め，充実感や満足感を味わう。	
人間関係	・今までの遊びや経験をもとに友だちと主体的に遊びを広げ，充実感，満足感を味わう。	・遊びや生活を通して，自分とは違う考えや相手の気持ちに触れ，どうしたら良いか考えて行動しようとする。 ・興味のあるものや遊びについて，自分たちで調べたり，保育者と一緒に調べたりする。 ・生活する中で決まりの大切さに気付き，守ろうとする。 ・三角公園の花植えを通して地域の人々（延寿会）に親しみをもち，協力して育てることで責任感をもつ。	・仲間と話し合ったり一緒に活動することを通して共通の目標を持ち，気持ちを一つにして工夫し協力する。 ・いろいろな遊びに進んで取り組み，遊びに応じて仲間を誘ったり，いろいろな友だちと関わりを深める。 ・運動会や卒園旅行などを通して，クラスの友だちと認め合ったり励まし合い，あきらめずにやり遂げる心を育む。	
環境	・身近な環境に自分から関わり，発見や楽しんだり，考えたりして，それを生活や遊びに取り入れる。	・植物の栽培を通して，好奇心や探究心をもって育て，収穫の喜びを味わう。 ・身の回りのいろいろな生き物に関心を持ち，自分たちで捕まえたり，一緒に調べたり，考えたりしながら飼育することを楽しむ。 ・運動会のポスター作りを通して万国旗にふれ，いろいろな国があることや国旗に関心を持つ。	・身近な環境に親しむ中で，季節の変化に気付き，自分なりに比べ，興味関心を深める。 ・植物の生長や，収穫した物の形などに興味を持つようになる。 ・身近な物や道具を積極的にとりいれ，工夫したり，試したりして遊ぶ。	
言葉	・誰に対しても，大きな気持ちの良い挨拶をし自らコミュニケーションをはかろうとする。 ・担任とクラス全体での話し合いを多く設ける中で，相手の意見をよく聞いたり，自分の気持ちを伝えたり，相手の意見を受け入れることができるようにする。	・発表の場を多く設け，自分の考えを伝えたり，相手の考えを受け入れたりしながら話し合いを行う。 ・自分より年下の友だちなど，相手に応じて工夫して話したり関わろうとする。 ・絵の少ない物語に触れる中で，言葉からイメージを広げられるようになる。	・小グループの話し合いの場を取り入れ，互いの考えを共有し合い，意見を一つにまとめる。（グループの名前，振り付け，劇ごっこ目標決め）	
表現	・歌詞の意味を理解し，イメージをふくらませて，みんなで歌うことを楽しむ。 ・ピアニカに親しみ，その独特な音色やメロディ演奏を楽しみ，演奏できる喜びを味わう。	・いろいろな素材に親しみ，工夫して遊ぶ。 ・感じたことを，自由に描いたり作ったりして楽しむ。 ・担任に自分の感じ方，とらえ方を受け止めてもらい，自ら表現する喜びを感じる。	・運動会などを通して，様々な表現を組み合わせる音楽に合わせてみんなで思い切り体を動かして踊ったり，組体操など，様々な表現を組み合わせて活動する成果を発揮し，達成感を味わう。	
主な行事	・入園式 ・こどもの日たのしみ会 ・なかよしパーティー ・動物公園遠足 ・千葉公園	・創立記念日 ・七夕楽しみ会	・運動会	

年長　もも　　日付　　年　　月　　日

5期	16期	5歳児の終わりまでに育ってほしい姿	
11月～12月末	1月～3月末		
・文字への関心が高まる。 ・自分で書ける文字が増える。 ・絵を細かく描きこむ。 　・クラスの一体感が高まる。 　・あきらめずに挑戦を続ける。 　　・意見を積極的に出し合い話し合いが活発になる。 　　・トラブルを自分たちで解決する。	・冬の遊びを楽しみ，自然事象に関心を持つ。 ・就学への期待を持つ。→不安に変わっていく。 　・個性に気づき，より認め合う。 　・卒園の意識ができて，友だちとさらに深く関わろうとする。	健康	・園生活をしていくうえで必要なことを自分でできることについて，充実感や満足感を持てるようになる。 ・自分のやりたいことに向かって，心と体を十分に働かせながら取り組めるようになる。 ・友だちと協力して自分たちの健康で安全な生活を作り，見通しをもって行動できるようになる。
・文字を通し，言葉の持つリズムや意味，文字に興味を持つ。 ・意見を積極的に出し，友だちの意見を聞きながら活発な話し合いができる。	・就学前に，基本的な生活習慣を見直し，自分のものとする。 ・自分の成長を実感し，喜び，身の回りの人に感謝の気持ちを持つ。 ・一人ひとりが自分の力を発揮し，互いに存在感や個性を認め合う。	人間関係	・主体的に遊びを生み出す中で，自分で考えたり，工夫したりして，あきらめずにやり遂げ，満足感や充実感を味わう。 ・保育者や友だちとの関わりを深め，思いや考えを共有し，いろいろな考えに触れながら，自分の気持ちを調整したり，協力して遊び，充実感を味わう。 ・してよいことや悪いこと，決まりを守る必要性が分かり，相手の立場に立って行動しようとするようになる。 ・自分の生活と関係の深い地域の人々と触れ合い，親しみをもつ。 ・遊びや生活に必要な情報を取り入れ，知りたいことを調べたり，伝え合うなどして役立てながら活動するようになる。
・自ら進んで体を動かし，友だちと一緒に運動したり，ルールのある遊びを楽しむ。 ・自分の目標を持って，くり返し遊びに取り組み，できたことへの達成感や充実感を味わう。	・基本的な生活習慣を見直し，健康な生活づくりに必要な活動を自分から進んで行う。 ・整理整頓，片付け，手洗い，食事の準備など自ら生活の場を整えられる。 ・自分の成長を実感し喜び合う。		
・自分たちのルールを工夫したり，決めたルールを守りながら，友だちと創り出した遊びを楽しむ。 ・発表会の話し合いの中で，アイデアを持ち寄り，工夫し，時には折り合いをつけながら力を合わせる。 ・園外保育を通して，公共の施設のマナーを知り，善意や決まりについて考える。	・友だちとの繋がり，仲間との深まりを実感し，卒園までの日々を大切に過ごす。 ・園生活を振り返り，お互いの成長を認め合い，自信を持ち，小学校生活の見通しをもって入学を楽しみに待つ。 ・家族，保育者，友だち，地域の方々など自分の生活に関係の深い，いろいろな人に感謝の気持ちを伝える。	環境	・自ら身近な自然や様々なものに触れ，発見すること，感じること，考えることを楽しむ。また，それらを生活に取り入れようとする。 ・季節による自然の変化を感じ取り，生活の変化に気付き，好奇心や探究心をもって遊びや生活に取り入れる。 ・身近な動植物に親しみをもち，自分たちで世話などをして，いたわる気持ちを持つようになる。 ・遊びや生活の中で数量・図形・文字などに関心をもち，自分たちの活動に取り入れ活用しようとする。
・自然に触れて遊んだり，自然物を取り入れて遊びを楽しむ。 ・カルタづくりを通して，文字への関心を高め，語彙を増やす。 ・遊びや生活の中で文字や数に触れ「もじとかず」に関心を持ち，意欲的に取り組み，自分で書いたり数えたりすることの楽しさを味わう。	・正月，節分，ひなまつりなどを通して伝統的な遊びや習俗に触れ，様々な文化や伝統について知り，理解を深める。 ・冬の遊び（氷作り，霜柱，雪遊び）を楽しみ，自然現象に関心を高める。		
・絵画や物語のイメージを共有し，役柄や場面にふさわしい表現を考え合い，観客を意識して劇づくりを楽しむ。 ・考えたことや感じたこと，表現したことを言葉で伝え合い，一緒に作り上げる喜びを味わう。	・自分たちで話し合いを進め，問題を解決できる。 ・遊びや生活の場面で保育者や友だちとの会話を楽しむ。 ・相手や状況にふさわしい言葉を選んで使おうとする。	言葉	・自分で思い巡らせたこと（思ったこと，考えたこと）を言葉で表現し，保育者や友だち，家族や地域の人などと言葉を交わすことを楽しむ。 ・人の話を聞き，相手を意識して話すなどして，自分の思いや考えが相手に伝わる喜びを味わう。 ・絵本や物語などに親しみ，様々な言葉に触れ，場面を想像して，表現を楽しむことを通して，語彙や感性が豊かになる。
・劇ごっこを通して，自分の役になりきり，イメージを動きや言葉で表現したり，友だちと演じたりする楽しさを楽しむ。	・音楽発表会を通して自分の担当の楽器に自信を持って取り組み，表現する喜びを味わい，クラスの一体感を味わう。 ・作品展に向けての活動の中で，みんなで意見やアイデアを出し合い，自分たちのイメージの世界を協力して創り上げる。	表現	・心が動く出来事や体験を通して得た感動や思ったことを，保育者や友だちと伝え合い，共有したり，表現することを楽しむ。 ・友だちと一緒に，表現のイメージを共有し，環境づくりや表現の仕方を工夫するなど，表現のプロセスの楽しさを味わうとともに，認め合う喜びを味わう。 ・仲間と共同して，様々な表現を作り出す喜びや楽しさを味わう。
・敬老参観 ・芋ほり ・おみせやさんごっこ ・クリスマス発表会	・節分たのしみ会 ・音楽発表会 ・作品展 ・ひなまつりたのしみ会 ・お別れパーティー　　・卒園式		

（資料提供：大森学園登戸幼稚園）

第10章

子どもの姿を読み取る
（事例研究）

■保育者としての基礎にある「子どもの姿を読み取る」ことについて，様々
な観点から事例を通して学ぶ。

子どもたちにとって，保護者から離れ，保育者と共に過ごす園生活のすべての経験は，より良い成長発達につながることが求められる。この章では，子どもの成長発達を促すための保育者の働きかけを考えていくための基礎である「子どもの姿を読み取る」ことについて，乳幼児期の子どもたちのありのままの姿（事例）から考えてみよう。

　なお，各事例には事例を読み取る視点を記載しているが，その視点をふまえて保育を考えていくのは保育者を目指す皆さんである。グループワークなどを通して，様々な観点から子どもを捉え，保育について考えてほしい。

事例10－1　「先生の言う通りでした」（1歳女児）

　1歳児クラスに入園したAちゃんは，食べる時間以外はずっと泣き続けていた。「Aちゃんが安心できるように」と，B先生はAちゃん担当として着替えやご飯，お昼寝などできるだけAちゃんと関わるようにした。母親は5月の職場復帰に向けて，早く園に慣れてほしいと焦るが，B先生は「大丈夫ですよ。初めに泣くお子さんは，慣れるの早いですから。」と励まし，Aちゃんの園での様子を連絡ノートや送迎時に伝え続けた。

　そして，5月1日の職場復帰の日の夕方，お迎えに来たお母さんは，一人で絵本を読むAちゃんの姿を見つけた。B先生は「今日のAちゃん，全然泣かないでご機嫌で過ごしていましたよ。」と伝えると，母親は「今までの1か月は何だったのでしょうね。毎日のようにB先生の背中にいたのに。」と涙交じりで話した。その日を境に，Aちゃんが不安になって泣くことはほとんどなくなった。「先生の言う通りでした。B先生のこと，大好きになってくれて，私も安心して仕事に行くことができます。」と母親は言った。

【子どもの姿を読み取る】

(1)　泣き続けていたAちゃんが落ち着いて過ごせるようになったのはなぜだろう。

(2)　Aちゃんのような新入園児が安心して園生活を過ごすための保育者の働きかけについて，具体的に考えてみよう。

(3)　母親を支える保育者の役割について考えてみよう。

【ノート】

10章　子どもの姿を読み取る（事例研究）

事例10－2　「なかなか準備をしないCちゃん」（3歳女児）

　お昼寝から起きると、おやつの時間である。ほとんどの子どもが自分で布団をたたみ、着替えをしておやつの準備をするようになったが、Cちゃんだけはなかなか行動しない。おやつの準備を進めながら、担任は「Cちゃん、自分で用意しないとおやつ食べられないよ。」と声を掛けるが、Cちゃんは動かない。「Cちゃん、もうすぐ4歳のお誕生日でしょ。だから自分でやらないと食べられないよ。」と繰り返し声を掛けるが、それでもCちゃんはパジャマのまま座り込んでいる。

　担任も困り果てていた時、Dちゃんが「Cちゃん、お着替えすると、おやつ食べられるよ。」と声を掛けた。すると、Cちゃんはにこっと笑顔になり、着替えを始めた。担任は、自分の伝え方とDちゃんの伝え方の大きな違いに気付かされた。それからはDちゃんを見習って、子どもたちが自分から行動するにはどう伝えればよいか、日々考えるようになった。

【子どもの姿を読み取る】

(1) なぜCちゃんは担任の声には反応せず、Dちゃんの声掛けには反応したのだろうか。両者の伝え方の違いに着目して考えてみよう。

(2) 子どもが主体的に行動するために保育者が心がけることは何か。

(3) 子どもが自分から行動するような伝え方について、園生活の場面を思い浮かべながら、具体的に話し合ってみよう。（食事・排泄・着替え・準備・片付けなど）

【ノート】

事例10－3　「ぼくが運転手だぞ！」（3歳男児）

　3歳児クラスのすみれ組では，自由遊びの時間になると乗り物ごっこが流行っていた。中でもE君は，バスごっこの運転手になるのが大好きで，夕方の部屋での自由遊びの時間になると，イスを縦に並べて，「バスが発車します。」と友だちにアナウンスをすると，ままごとをしている女の子3人が「乗せてください」と後ろのイスに座った。女の子たちはそれぞれお気に入りの人形を抱えて「これからお出かけなの」と近くにいた担任に教えてくれた。E君が毎日お母さんとバスに乗って登園することを知っている担任は，「運転手さん，安全運転でお願いします」と言うと，E君は元気よく「はい。かしこまりました！」と両手でハンドルを動かす真似をして，バスごっこが始まった。

　突然，F君がE君の隣にイスを置いて座ってきた。目をまん丸にして驚くE君に，F君は「お客さん，どこまでですか？」と後ろに座る女の子たちに聞いた。女の子たちは「動物園までお願いします」と言うと，F君は「タクシー発車します」と言った。すると，E君は「違うの！」と言いながらF君を両手で思いっきり押し，F君はイスから落ちて泣いてしまった。担任がF君を抱きかかえようとすると，E君は自分が座っていたイスをひっくり返してしまった。

【子どもの姿を読み取る】

(1)　3歳児期は，遊ぶイメージが異なることでトラブルになることがある。E君の遊びのイメージとF君のイメージの違いに着目してみよう。

(2)　E君がイスをひっくり返して怒ったのはなぜだろうか。

(3)　3歳児のトラブルを受け止めるには，どのようにすべきだろうか。対応の順番にも着目しながら，この事例で考えてみよう。

【ノート】

10章　子どもの姿を読み取る（事例研究）

> 事例10－4　「ぜんぶぼくのものなの！」（4歳男児）
>
> 　クラスの男の子の中で，レゴブロックで飛行機を作るのが流行っていたが，一つ大きな問題を抱えていた。飛行機の先の部分や翼を作るには，10センチ程の細長いブロックが必要なのだが，10本ほどしかないのでとても貴重である。4歳児ともなれば，大人の仲立ちがなくても貸し借りをすることができたり，友だち同士で均等に分けようとする姿が見られる。しかし，G君がいるとそうはいかない。G君は途中からブロック遊びに混ざっても「長いブロックはぜんぶ僕が使うの！」と無理やり友だちから取ってしまう。貸してもらえないと友だちを押したり，叩いたり，時にはひっかくことさえあり，担任が間に入っても気持ちが収まらない。集まりの中でおもちゃの使い方の話し合いを持つが，G君にはまったく効果がなかった。やがて，みんなはG君に「貸して」と言われる前に自分から長いブロックを貸すようになり，長いブロックを巡る毎日のトラブルは収まっていった。
>
> 　ある日，隣のクラスの先生から「みんなG君のこと分かってあげていて，優しさが育っているんだね」と言われ，担任は「本当はみんなも使いたいはずなんですけど……」と悩む担任であった。

【子どもの姿を読み取る】

(1) G君はなぜおもちゃを独占しようとするのだろうか。その背景に思いを馳せてみよう。

(2) G君とみんな，G君と担任，みんなと担任の関係性から，このクラスの課題を考えてみよう。

(3) G君にブロックを貸してあげるみんなの姿をどのように捉えたら良いだろうか。話し合ってみよう。

【ノート】

事例10-5　「自閉症H君の1年間の育ちから」（4歳男児）

		前期（4月～9月）	後期（10月～3月）
生活		**食事**　指先が不器用で好き嫌いが多い。咀嚼も弱い。スプーンに一口乗せておくと食べる。夏場は体調を崩し食欲も落ちた。 **排泄**　初めは紙おむつ使用していたが、7月にトイレで排尿ができたので、布パンツで過ごすようになる。 **着脱**　手指の力が弱く、自分ではなかなか脱げず、保育者や友だちに手伝ってもらう。	**食事**　好きな物しか食べない。特定の担任に「せんせい～ここ！」と言い隣に座ることを希望するようになり、励まされながら一定量食べる。 **排泄**　男トイレで、自分で排泄している（排泄間隔は長い）。 **着脱**　時間はかかるが、自分で着替えようとする姿が見られる。
運動・遊び		**発語**　「みかん」などの物の名前や「せんせー、おはよー」など簡単な二語文を話す。 **身体**　身体が固い。鉄棒で前周りをすると途中で手を放す。 **製作**　のりを貼る場所にマークをすると、自分でやろうとする。 **ルール遊び**　遊びに参加はするが、ルールを理解できず、楽しめない。	**発語**　友だちの名前を呼んだり、自分から友だちに話しかけることがある。 **身体**　運動会の取り組みから、走ったり、踊ったりなど、しなやかに身体を使う姿が見られる。 **製作**　ひな人形作りでは、人の顔を意識して描く姿が見られた。 **ルール遊び**　フルーツバスケット・イス取りゲームもルールを理解して遊んでいる。
人との関わり		**母集団**　着替えや食事、帰りの用意などを手伝ってもらう。友だちとの関わりを喜んでいる。 **パニック**　泣くと自分からティッシュを使って涙を拭き、気持ちを切り替えている。	**友だち**　特定の女の子とイスや布団を隣にしたがり、できないと泣いて怒る。 **パニック**　普段と違う場面や活動に対して癇癪を起す。また、担任の名を呼び、助けを求めることもある。

【子どもの姿を読み取る】

(1)　一般的な4歳児の発達と、H君の発達段階を捉えてみよう。

(2)　1年の中で、前期と後期の育ちを読み取りながら、H君がどのように育っていったのか、保育者の日々の働きかけを想像しながら考えてみよう。

(3)　H君と母集団の関わりという視点から、共に育ちあうための保育を考えてみよう。

10章　子どもの姿を読み取る（事例研究）

【ノート】

事例10-6　「運動会のリレー」（5歳女児）

　夏休みが明け，年長クラスでは保育園最後の運動会に向けて練習に励んでいた。その中で，ひと際目立っていたのがI子である。4月生まれで，みんなよりも身体が大きく，足も速い。頑固で自己主張も強いが，誰よりもがんばり屋なI子のことを担任は認めていた。「昨日の夕方ね，Iちゃんがとび箱5段跳べたのよ。毎日一生懸命したからだよね。」とあえてI子のことをみんなの前で褒めることもあった。担任は，クラスのみんなにもI子の努力を分かってほしいし，I子自身が満たされることで，周りの友だちのことも受け止めてほしいと思っていたのである。

　運動会最後の種目は年長リレーである。6人ずつ4チームに分かれ，2チームずつ，狭い園庭のトラックを1周ずつ走り，チームカラーのバトンを受け渡す。アンカーは2周走る。チーム決めは子どもたちと話し合って決めた。足の速いI子は，「わたしアンカーやりたい。いいでしょ？」とやる気満々である。

　リレーの練習が始まった。しかし，何度やってもI子のチームが全然勝てないのである。アンカーのI子にバトンが渡るまでに他のチームに大きな差を開けられてしまう。特に遅いのはJ君。おっとりした性格で，あまり運動は得意ではない。見かねた担任が，「IちゃんJ君に教えてあげたら？」と伝えた。するとI子は，「J君，腕振って走るといいよ」「バトンはこっちの手に持ってこうやって渡すの。やってみて。」I子なりに一生懸命教えるが，J君はなかなか速く走ることができない。練習を重ねるたびに，アンカーでバトンを受け取った時点で勝てないことが分かるようになり，I子は走るのをやめてバトンを放り投げ，J君に「どうしてできないの！」と詰め寄ることもあった。リレーの練習が終わると昼食の時間であるが，毎回I子は廊下の脇に座り込み，他のクラスにも響くほどの大声で泣き続けた。

135

日に日にJ君も苦手だったコーナーをうまく回れるようになっていったが、I子のチームは一度も勝てないまま運動会本番を迎えることとなった。その間、担任は一度もチームを変えず、I子たちを見守り続けた。

　運動会本番、最後の競技は年長リレーである。そこで、奇跡が待っていた。I子たちのチームが初めて勝利したのである。初めての決勝進出に湧くI子たち。そして、続く決勝戦でも勝ち、見事優勝した。大喜びするI子に、負けたチームの子どもたちも集まり、「I子ちゃん、優勝してよかったね」と声を掛ける姿に、I子のがんばりを認めていたのは私だけではなかったと担任は思った。

【子どもの姿を読み取る】

(1) 担任がI子にJ君を教えるよう促したのはなぜか。
(2) 担任がチームを変えなかったのはなぜか。
(3) リレーへの取り組みで育ったのは何か。I子、J君、クラス集団、それぞれの視点で考えてみよう。

【ノート】

第11章

乳児期の子どもの遊び，活動と教材研究

- ■乳児の生活について知る。
- ■乳児期の保育内容を知り，保育者の関わりについて考える。
- ■乳児の「遊び」の特徴と保育者の役割について理解を深める。

1 乳児と生活

　ここでは，乳児および乳児期におけるふさわしい生活についての基礎を学ぶものとする。

1 乳児とは

　乳児とは，『児童福祉法』に「満1歳に満たないもの」と定義されている。（児童福祉法第4条第1項第1号）

　乳児期は心身の発育・発達が著しい時期である。胎内から外界へ環境の変化に対応し，視覚や聴覚などの感覚機能の発達が目覚ましく，生後4か月には首がすわり，その後，寝返りを打ち，座り，はい，つかまり立つといった運動機能の発達がみられる時期であり，その発達に目を奪われる時期である。また，乳汁栄養から離乳食，その後の幼児食へと続く栄養摂取が移行していく時期でもある。

　人との関わりにおいても，特定の大人との応答的な関わりを通して，情緒的な絆を形成される特徴がある。乳児は，初めての言葉（初語）を発する以前から，身振りや表情，泣く，笑う，喃語などを通して他者へとコミュニケーションを図っている。それらの働きかけに，周囲の大人（特定の大人）が応答的に愛情深く関わることで人への基本的な信頼感が育つようになる。生後すぐの泣きや笑いは生理的なものであるが，特定の大人との親密な関わりを通して，社会的な表現へと変化をしていく。また，あやされると手足をバタバタと動かしたり，微笑んだりなど，いつも関わる特定の大人を認識し，次第に人とのやり取りを楽しみ，愛着関係が強まっていくが，6か月～7か月頃には見知らぬ相手には人見知りをするなどの様子がみられるようになる。また，身近な大人との親密な関わりを基盤としながら，同じくらいの月齢の乳児など，他の子どもとの関わりを広げていく様子もみられる。

　言葉の育ちにおいては，上記の面だけでなく，9か月頃になると身近な大人との関係の中で，自分の意志や欲求を指差しや身振りなどで伝えようとするなどコミュニケーションの芽生えがみられ，応答的に関わる大人が自分の気持ちに共感し，大人から自分に向けられた気持ちや簡単な言葉が分かるようになる。

　乳児期は，乳児を能動的で主体的な存在であることを受容し，乳児の基本的欲求や依存的欲求（甘えなど）を満たしてくれる特定の大人との信頼関係を築くことが重要である。衛生的で安全な環境が保障され，安心して過ごせる配慮がなされた環境の下で，愛情深く応答的に関わる大人の存在が重要となる。

11章　乳児期の子どもの遊び，活動と教材研究

② 養護と教育が一体的に展開する乳児の生活

　乳児のみならず，乳幼児期は養護があって保育が成り立つものである。これまでも養護と教育を一体的に行うことが重視されていたが，新しい『保育所保育指針』（平成30年）では，養護に関して，保育所保育の基本原則として第1章総則に「養護に関する基本的事項」として示されるようになり，その重要度がさらに増している。

　養護とは，「生命の保持」および「情緒の安定」をさす。当たり前のことであるが，養護は，乳幼児自らが行うものとしてではなく，保育者がそのための働きかけや配慮を行うことが求められることを指している。生命を守り育むためには，衛生的で安全な環境を整え，生理的な欲求（食欲，睡眠，排泄等）を満たし，乳児を主体にした関わりが必要である。その中で乳児自身が大切にされていると思える経験を重ねることで，人への信頼感が育っていく。また，情緒の安定においては，生理的欲求だけでなく，甘えたい気持ちや思っていることなどを，共感し，共有し，心地よく言葉や態度で表現してくれる大人の存在が必要であり，乳児の豊かな感情や安定感へとつながっていくことを考慮して，愛情深く関わることが重要となる。

　養護における観点での配慮と共に，教育における観点での配慮も必要となる。身近な生活欲求を表現した場面においても，乳児の気持ちに寄り添った保育者の適切な世話だけでなく，やさしい穏やかな関わり（表情や言葉かけ，声のトーンなど）は養護的観点での配慮となるが，そのときに保育者の声をかける内容などでは，「身近な人との気持ちの通じ合い」を感じることや「健やかに伸び伸びと育つこと」などは，教育的観点での配慮となろう。たとえば，おむつ替えの場合，おむつを替えて清潔に過ごすことができるようにする援助は，養護的な援助とな

基本的欲求の場面	どのような言葉で	保育者の援助や配慮
空腹（授乳）	「おなかがすいたね」 「おいしいね」	目を合わせてほほ笑む やさしく声をかける 子どものタイミングに合わせる
排泄（おむつ替え）	「でたね」 「きれいにしようね」 「気持ちよくなったね」	穏やかな表情で，清潔を感じられるように声をかける
睡眠	「ねんねしようね」 「おやすみ」 「おきたらあそぼうね」	睡眠の覚醒の感覚がもてるよう声をかける 安心できるようやさしく見守る

るが，その場合に，「おむつが汚れて気持ち悪かったね」や「きれいなおむつで気持ち良くなったね」と声をかけたり，穏やかに笑顔で接したりすることは，子どもにとって安心感につながる心地よい時間となるだろう。保育者にとっては，このおむつ替えの時間が乳児の育ちの視点である「健やかに伸び伸びと育つ」および「身近な人と気持ちが通じ合う」ことにつながることを意識したい。

養護と教育はどちらか一方だけで成り立つものではなく，どちらもが一体的に展開されることが重要である。

（1）　安心して心地よく過ごす安全で衛生的な環境での生活

乳児の環境として求められるのは，まずは衛生的で安全な環境だろう。乳児期は，その身体的未熟性ゆえに疾病などにかかりやすくなる。また，その際，重症あるいは重篤な状況になることも考えられる。アレルギーなどの疾患をもつ乳児も増えているため，保育室の環境および玩具等も清潔に保つことが，乳児の伸び伸びとした生活や遊びを支えるものとなる。また，乳児は何でも口に入れ確認をするため，玩具等を整えるときには，誤飲につながらない大きさであるかどうかや破損はないかなどを確認し，けがにつながらないようにすることも必要となる。

乳児にとっては，風で揺れるモビールや柔らかい触感のぬいぐるみなども興味のある玩具となるが，どちらもほこりがたまりやすいため，定期的に洗浄したり，布でほこりをふき取ったり清潔な状況を保つようにする。園庭での日向ぼっこなども乳児にとっては楽しい遊びの時間であるが，乳児の口に入りそうな小石や小枝なども取り除く細やかな気づきと配慮も保育者に求められる。

食欲や睡眠，排泄などに関わる生理的な欲求は，単に速やかに世話をするだけではなく，語りかけたり，優しく見つめたり，大人の丁寧な応答によって，乳児にとって心地よいものへとなり豊かな時間として受け取られていく。遊びを通しての関わりにも，乳児自身が受け入れられ，大切にされていると感じられるような愛情深い関わりとしたい。

（2）　デイリープログラム

乳児にとっては，保育所や認定こども園で過ごす時間は一日の大半をしめているため，生活そのものの時間である。1日の24時間を家庭と園と二つの場所で過ごす乳児だが，場所が変わるだけで，乳児の健康な生活リズムは連続しているといえる。その場合は，家庭と園とで連携を図る必要があり，乳児の生活リズムに基づき，園での生活を見通した計画が必要となる。それが，デイリープログラムであり，子どもが園生活を送るうえで必要な計画である。例として次のようなデイリープログラムを示す。

園に登園してから降園までの一日の生活の流れを，子どもの生活リズムを考慮しながら計画を行うものであるだけでなく，月齢や一人ひとりの乳児の家庭での

11章　乳児期の子どもの遊び，活動と教材研究

表11－1　デイリープログラム（例）

時間	乳児	1歳以上3歳未満
7：00	開園 順次登園	
9：00	排泄（おむつ交換，おまる，トイレ） 自由な遊び	
10：00	排泄（おむつ交換） 間食・授乳 遊び 午前睡	排泄（おまる・トイレ） 朝の集まり 遊び 間食
11：00	目覚め 排泄（おむつ交換）	遊び 排泄（おまる・トイレ）
12：00	授乳・離乳食	幼児食
14：00	排泄（おむつ交換） 遊び 午睡	着替え 午睡
	目覚め 排泄（おむつ交換） 着替え	目覚め 排泄（おまる・トイレ） 着替え
15：00	授乳・間食	間食
16：00	遊び 順次降園	帰りの集まり あそび 順次降園
	（18：00〜延長保育） 遊び 排泄（おむつ交換） 授乳・間食	（18：00〜延長保育） 遊び 排泄（おまる・トイレ） 間食
19：00	順次降園	

すごし方など生活の背景にも配慮して計画がなされるものである。

また，生活リズムの主なものとして，睡眠，食事，排泄などがあげられる。デイリープログラムを計画の中心としながらも，乳児を主体とした遊びの環境を整え，様々な豊かな経験となるよう保育内容を計画したい。

2 乳児期の保育内容

ここでは，乳児期における遊びと保育者の関わりの視点での保育内容について具体的に考えてみよう。

1 『保育所保育指針』による乳児の保育内容

これまでの『保育所保育指針』（平成20年）では，発達過程を8つの年齢で区分しており，3歳未満児の保育に関わる発達過程の区分を「おおむね6か月未満」「おおむね6か月から1歳3か月未満」「おおむね1歳3か月から2歳未満」「おおむね2歳」の4つとして示していた。

平成30年に施行された新しい『保育所保育指針』では，これまでの『保育所保育指針』の8つの年齢による区分から3つの年齢による区分となり，「乳児」「1歳以上3歳未満児」として3歳未満児の年齢の区分が示されている。特に，乳児に関しては発達による変化が著しいため，これまでのように5領域ではなく，乳児は次の3つの関わりの視点での保育内容が示されている。これら3つの視点は，

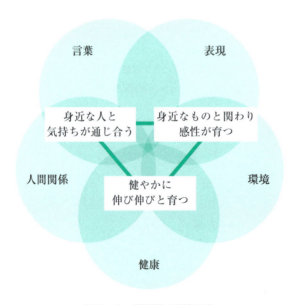

図11－1　乳児期の保育内容

5領域と同様に，それぞれが独立したものではなくそれぞれの領域が影響し合い，育っていくものだととらえることができる。

①健やかに伸び伸びと育つ	身体的発達に関する視点 主に領域「健康」につながる視点
②身近な人と気持ちが通じ合う	社会的発達に関する視点 主に領域「人間関係」「言葉」につながる視点
③身近なものと関わり感性が育つ	精神的発達に関する視点 主に領域「環境」「表現」につながる視点

2 乳児期の子どもへの大人の関わりの基本

　乳児期は，発達が未分化なため，周りの大人の応答的な関わりが重要だとされる。なぜならば，愛情深い応答的な大人のやり取りを通して，自らの気持ちをどのように表現するか徐々に理解し，気持ちや感情の共有を通じて大人との信頼感を構築できるからである。保育の場においての大人は保育者であり，保育の場で過ごす長い生活時間を一緒に過ごす重要な人的環境である。

　保育者が愛情深く応答的に関わるとはどのようなことを指すのだろうか。乳児期の初めの時期は，生理的欲求を満たすことが重要となる。しかし，単に欲求を満たすだけでなく，保育者が子どもの気持ちを汲み取り，子どもの気持ちに寄り添う温かい言葉をやさしく穏やかにかけ，子どもの生理的欲求が満たされるのと同時に，心地よさを子どもが感じられるようにすることで信頼感を築くようにすることが大切である。乳児も一人の人として尊重されるべき存在である。そのことを重視し，子どもに信頼と思いやりを持って温かく応答的に関わることが求められる。

3　保育内容から考える乳児の遊び

　乳幼児にとって遊びとは，生活そのものである。離乳食は生活の一部だが，そのときに使用するスプーンやコップは乳児の興味を引き付けるものだろう。それら生活で活用されるものがもととなり，その後のままごと遊びや見立て遊びにつながっていく。食器そのものでなくても形が似ていることなどで遊びに活用する姿がみられる。

　乳児期の遊びは生活と密接に関わっている。一日の生活の流れの中で，乳児が生活にどのように関わっているのか，何に興味を持っているのかなど丁寧に観察

し，子ども理解に基づいて遊びに展開できるような保育者の援助が望まれるだろう。乳児の生活や遊びの場面において，乳児が「いつも一緒にいる」ことや「一緒にいて心地よい」感情を感じる身近な大人である保育者と信頼関係を築く中で，安心できる保育者を基盤に自分の世界を広げながら，他者への基本的信頼感を持てるようになったり，安心し安定感を持って周りの環境に働きかけて自らを取り巻く世界を広げていったりする様子が見られるようになる。保育者の役割としては，乳児との信頼関係に基づいて，安心の基盤となりながら，乳児の遊びを豊かなものとすることが望まれる。

1 乳児にとっての遊び

　乳児にとって遊びは，身近な人と関わることや，身近な環境と関わることであり，その中でそれらに興味を持って関わろうとすることで，学ぶことが多くあるものである。身のまわりにある物などの探索活動も，この時期の遊びと捉えられるが，次のような視点で乳児の遊びを考えてみよう。

（1）　玩具を活用した遊び

　乳児の遊びの中で活用される玩具とはどのようなものがあげられるだろう。ガラガラなどの音のなる玩具，木製の積み木，絵本，ままごと道具，ボール，ぬいぐるみなど様々なものが玩具としてあげられるだろう。グループで乳児に必要な玩具を考えてみよう。また，考えた玩具を使ってどのように乳児と関わったらよいかについても話し合ってみよう。

乳児の玩具	玩具を使って乳児とどのように関わるか
（例）絵本	・「この絵本が見たいのね」と話しかけながら，じっくりと絵本を見られるように，落ち着いた環境で読む。 ・乳児の表情を見ながら，絵本を読む。
（例）ボール	・乳児と顔を見合わせながらボールをやり取りしたり，「はいどうぞ」とボールを渡しながら声をかけたりする。

（2）　人の声や表情，触れ合いを楽しむ遊び

　乳児にとって身近な大人と関わることは，安心しながら心地よい時間を過ごすこととつながる。優しく温かい声で話しかけたり，見つめ合ったり，触れ合ったりすることは，一日の保育の中で何度も繰り返されることである。グループで，保育者の声や表情が乳児の遊びに取り入れられているか，どのように乳児と関わったらいいかについて話し合ってみよう。

声や表情， 触れ合いのある遊び	乳児とどのように関わるか
（例）いないいないばあ	・「いないいないばあ」と言いながら顔を隠したり出したり，表情豊かに関わる ・乳児がまねをしたり，保育者の手をとったりする様子を温かく見守りながら，一緒に遊びを楽しむ。
（例）ふれあい遊び	・抱き上げたり，手と手を取り合ったり，またわらべうたなどの歌を歌いながら触れ合ったり，信頼関係の中でゆったりと関わりを楽しむ。

（3） 音や形，手触りを楽しむ遊び

　乳児は音の鳴るほうに顔を向けたり，自分で音を鳴らして遊んだりすることがよくみられる。ベッド周りのメリーゴーランドや，自分で手に持つガラガラなどがイメージできるだろう。また，玩具そのものの遊び方とは異なるものの，玩具のパーツを合わせて打ち鳴らして楽しむ様子も見られる。

　手触りを楽しむものとしては，柔らかい感触の得られる布絵本やぬいぐるみなど，また夏季であれば，ひんやりとした感触のスライムや寒天遊びなども，乳児には興味深い遊びとなるだろう。グループで，音や形，手触りを楽しむ遊びが，どのように乳児の遊びに取り入れられているか，どのように乳児と関わったらいいかについて話し合ってみよう。

音や形， 手触りを楽しむ	乳児とどのように関わるか
（例）ガラガラ	・「きれいな音がするね」や「ふりふり楽しいね」と言いながら，音を楽しむ子どもの気持ちを代弁する。
（例）布絵本	・絵本と同様に，ゆったりと落ち着いた雰囲気の中で，仕掛けを楽しみ，絵本とは異なる感触を楽しむ。

（4） 「幼児期の終わりまでに育ってほしい姿」へとつながる遊び

　上記以外にも，乳児にとっての興味深い遊びは様々考えられる。グループでの話し合いで，どのような遊びがあるか考えてみよう。

　また，それぞれの遊びの中では何が育っているのかも考えてみよう。5歳児後半にみえてくるものとして「幼児期の終わりまでに育ってほしい姿（10の姿）」

が，幼児教育を行う施設（幼稚園・保育所・認定こども園）で共有されるようになった。10の姿は，5歳の終わりに急に育つものではなく，0歳からの経験の積み重ねが必要とされる。乳児の遊びを考えるときには，その中での学びが10の姿にどのようにつながっていくのかを考察してみよう。

2 遊び環境としての教材研究

（1） 安全性を重視した教材選び

乳児にとって一番に求められる配慮が安全性といえる。乳児は，目に見えるものや触れるものに対して，まず触り，触った後には口に運んで確認をする探索活動が盛んである。それを想定しながら，安全で，しかも，衛生的なものを選択できるようにしたい。

（2） 廃材や身近な材料を利用して教材を制作する

ガラガラなどの玩具は手作りで制作が可能である。たとえば，廃材である乳飲料容器などにビーズを入れて作ってもよいだろう。布でボールを制作するときに，中に鈴を入れたり，菓子袋に使われるプラスティックを入れたりし，その感触や音の違いを楽しむのもいいだろう。

たんすやチェストなどから衣服を引っ張り出すことに興味を持っている時期には，缶などの空き容器と布を組み合わせた「引っ張り出す」ことを楽しめる玩具を手作りしてもよいだろう。

（3） 布を使って教材を製作する

柔らかな手触りのものも乳児にとっては興味深い玩具である。

どの園にもぬいぐるみ等はあると思われるが，そのほかにも布を使った手作りの玩具で遊ぶことが考えられる。以下の写真は，保育者を目指す学生が制作し，保育所実習等で活用したものである。穴を通す玩具や布絵本など，乳児の発達と興味をイメージして制作したものである。写真を参考に，自らが実習や仕事で活用することをイメージして制作してみよう。

11章　乳児期の子どもの遊び，活動と教材研究

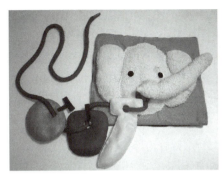 

（4）乳児に適した絵本を選択する

　乳児期には，乳児の育ちに合わせた絵本選択をすることが望ましい。乳児には絵本を与えるのは難しいというイメージがあるかもしれないが，信頼関係のある特定の大人との絵本の時間は，乳児にとっても心地よい時間となる。ストーリーのある絵本ではなく，乳児の生活に密接したテーマのものや生活そのものに関わるテーマのものなどに興味を示すことが多い。繰り返しの言葉や内容を扱ったものを好んだり，言葉やリズムのあるものを好んだりする。

　乳児の発達や興味・関心に沿うようなテーマの絵本を選択することや，保育者の膝の上で読むように密接な関わりを想定した絵本を選択したい。

　グループで「乳児の好きな絵本はどのような絵本か」について話し合ったり，その絵本のどの場面に乳児が興味を示すと思うか，また，なぜ興味を示すのかを話し合って考えてみよう。

乳児が好む絵本	興味を示す場面および理由
（例）　松谷みよ子／瀬川康男『いないいないばあ』童心社，1967	・様々な動物が「いないいないばあ」と繰り返し登場する場面→ページをめくりたがる。 ・最後は子どもが出てくる場面→自分の名前だと喜ぶかも。
（例）　谷川俊太郎／元永定正『もこ　もこもこ』文研出版，1977	・「もこ」「にょき」という言葉→一緒に言う興味。 ・言葉と形が変化する→変化する形に興味をもつ。 ・読み手の声→音を楽しむ。 ・色と形→様々な色と形の変化に興味をもつ。
（例）　安西水丸『がたんごとん　がたんごとん』福音館書店，1987	・「がたんごとん」の音の繰り返し→一緒に言う興味。 ・身近な生活の道具→毎日使うものが描かれる興味。 ・「のせてくださーい」が繰り返される→絵本の電車に乗りたい興味。

（5）　自然物を活用した遊び

　乳児にとって，玩具と同様に遊びにつながるものとしては，水や土，葉っぱや花などの自然物があげられる。風や光なども乳児にとっての遊びにつながり，風が吹くとくすぐったそうに笑う，光がキラキラするとまぶしそうにしながらつかみ取ろうとするなどの様子も見られる。葉っぱのひらひらする様子やその感触を楽しんだり，土や砂の感触や手にくっつくことを楽しんだりする。

　どんな自然物が乳児の遊びにつながるのか，どのように保育にとりいれ，活かせるのか，考えてみよう。

【参考文献】

　厚生労働省『保育所保育指針解説』フレーベル館，2018

　大橋喜美子編著『新時代の保育双書　乳児保育　第3版』みらい，2018

　大橋喜美子編著『子ども環境から考える保育内容』北大路書房，2009

　CHS子育て文化研究所『見る・考える・創り出す乳児保育―養成校と保育室をつなぐ理論と実践―』萌文書林，2002

第12章

幼児前期（1〜3歳未満児）の
子どもの遊び，活動と教材研究

■幼児前期における発達の3つの特徴について，成長過程や具体的な援助と
共に学ぶ。
■おとなのまねなどから技能を獲得する，幼児前期の生活と遊びの関係を知
る。
■1，2歳児に適した遊びや玩具とは何か，育みたい力とともに学ぶ。
■演習を通じて，幼児前期の遊びを考え，実際に作ったり話し合ったりする。

1 幼児前期の発達の特徴

　1歳から3歳にかけての子どもの発達の特徴として次の3点があげられる。

① 　歩行等の全身運動機能と手指等の微細運動機能の著しい発達

② 　言語の獲得による表現と理解，思考力の発達

③ 　自我の明確化による主体性の育ちと自己と他者との関係の変化

　この時期の子どもは，歩行の開始とともに行動範囲が広がることで，様々な運動能力を身につける。たとえば，興味をもった物のところまで移動して手を伸ばして触ってみたり，手にした物を探索したりする。興味を持った物のところまで行くときには，段差を乗り越えたり坂を下ったりする能力も求められる。また，身の回りの物に関心を示し，触ろうとしたり，おとなのまねをしてみたりする。食事のときには，スプーンや茶碗などの食具や食器などの使い方を教えられる。また，服を脱いだり着たりする機会も増えてくる。

　このような経験を毎日繰り返しながら，子どもの好奇心は促され，様々な物に触れ，探索し，物の特性を理解し，扱いも上手になる。また，おとなにしてもらっていたことも，次第に自分でできることが増えていく。つまり，全身の運動機能が大きく発達するとともに，物への認識を深め，次第に細かい物を扱う手や指先の機能も発達し，扱う物に応じた手指の巧緻性を身につけていく。

　またこの時期は，言語を積極的に使うようになり，「これなあに？」というような質問が多くなり，物の名前を積極的に知ろうとするようになる。言葉で自分の要求や気持ちを表現したり，自己を主張することも多くなる。自我が明確になるにつれ増えていく子どもの主張や要求について，ときに「わがまま」や「だだこね」と捉えたり，この時期を「イヤイヤ期」というようにネガティブに表現することもあるが，様々なことに興味を持つ主体性の芽が育ちつつある時期と捉えることが必要である。そのため，この時期の子どもの要求はまず受けとめることが大切で，そうすることによって子どもにも気持ちを切り替えるゆとりが生まれ，おとなのいうことも受け入れることができるようになる。

　言葉が育つこの時期には，自分の要求を受けとめてもらいながら，同時に「なぜ，そうするのか」「なぜ，そうした方が良いのか」といった理由を伝えることも大切である。たとえば，食事の前に手を洗うのはなぜか，その理由を子どもに分かりやすく伝えることで，子どもは自分から手を洗う習慣を身につけていく。2歳児は「しつけの年齢」ともいわれるが，ただ「おとなにいわれた通りにする」というのではなく，その理由を子どもが理解し，納得するように伝える「しつけ」を心がけたい。

　そして，特に注目しておきたいのは，この時期の子どもの経験は，乳児期の安

定したおとなとの関係を基盤として，見守りとおとなのやりとりの下で展開するという点である。

2 幼児前期の生活と遊び

1 幼児前期の生活と遊び

前節でみてきたように，この時期の発達を支える活動は，おとなとの関係を土台にしている。そして，この時期に獲得される物の扱い方の理解と物を扱う技能の獲得は，「生活」と「遊び」という区別なく進んでいくことに着目しておきたい。

子どもにとっては，身の回りにある物をそれにふさわしい使い方をすることに興味があり，おとながするのと同じようにその行為をまねようとする。たとえば，食事のときの茶碗やスプーンなどの使い方について，おとなのまねをしたり，教わりながらやってみようとする。同時にそれは，遊びの中でも再現され，ままごとの食事場面で同じようにやってみようとしたり，スプーンでボールをすくったりというように，その道具を扱う技能を楽しむ行為が遊びとして展開する。このように，生活の中で扱われた道具の使用や行為が，遊びそのものとして展開したり，遊びによってその技能が洗練され，生活場面での技能としてそのまま反映していったりするというように生活と遊びが分かちがたく結びついている。

写真12-1　松ぼっくりを食べ物に見たてて料理

写真12-2　食事場面がそのまま遊びになる

この時期の子どもの特徴は前節でみた通りだが，これらを実際の遊びの姿から考えてみたい。この時期の子どもたちは「歩くことが楽しい」，「いろいろな物を触ってそれがどんな物か知りたい」，「お母さんが使っている物を使ってみたい」，「散歩でアリをみつけて『なんだろう』としゃがんで見入る」というように，自分の身体を使うこと，つまり身近にある物に気がついて，見たり，触ったり，やってみたりすることが楽しいのである。それらは「何かができるようになりた

い」といった目的があるわけではなく、それをすること自体が楽しいからするのである。たとえば、1歳児が、食器に手を伸ばして、触ったり、それを叩いてみたり、食べるまねをしたりするのは、生活に使う食器や食具の使い方を身につけることにも役立っているが、同時にその行為自体を楽しむ「遊び」でもある。

つまり、この時期の子どもにとって「生活」と「遊び」は、まだ明確な区別がなく渾然としたものであるということができる。2歳過ぎには、食事とままごとは子どもにとっても明確に区別されるようになっていくが、まだまだ、明確に分けられることばかりではないのがこの時期の特徴といえる。

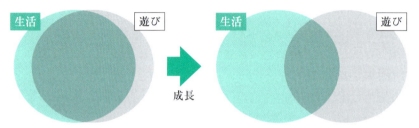

図12－1　1～3歳児は「生活」と「遊び」が混沌としているが次第に分かれていく

2 発達の主導的活動と幼児前期の遊び

ここで、第1章でみた「発達の主導的活動」についてもう一度振り返っておきたい。この時期の子どもの発達の主導的活動は〈対象的―操作的活動〉である。〈対象的―操作的活動〉とは、その子どもが生活する文化において規定された、その物が持っている本来の使い方を理解するとともにそれを使う技能を身につけることである。また、ピアジェ*は、おおよそ2歳までの子どもの遊びを「機能的な遊び」に特徴付けられるとしている。道具の使用スキルに代表される様々な物を適切に扱うための技能を身につけることは、自分の行動、行為を物に合わせていくということである。物との関係でいえば、最初は「自分の論理」で、でたらめに扱っていた物に対して、この時期は「モノの論理」に自分を適応させていく時期であるということができよう。こうした物との関係は、幼児後期になると、今度は本来の使い方をふまえたうえで、再び「自分の論理」に合わせて遊びの中で使用されるようになる（表12－1、12－2）。

*ジャン・ピアジェ（1896～1980）：フランス語圏スイス出身の心理学者。知能の構造を明らかにしようと児童心理学を研究し、認知発達説を提唱。『知能の誕生』ほか数多くの著書を著す。

3 幼児前期の遊び

前章で見たように、乳児にとっての遊びは、身近な人と関わることを基本として身近な環境と関わることであった。こうした身近なおとなとの関わりを通して、幼児期の遊びは、より積極的な身近な環境、特に直接見たり触れたりできる

12章　幼児前期（1〜3歳未満児）の子どもの遊び，活動と教材研究

表12−1　ピアジェによる遊びの発達段階

おおよその年齢	発達段階	遊び
〜2歳	感覚運動期	機能的な遊び
〜7歳	前操作期	象徴遊び
〜12歳	具体的操作期	ルールのある遊び

表12−2　遊びの発達とその特徴（遊びの内容と関心，行為を決定する要因）

		遊びの中心的内容	遊びの関心の対象	行為を決定する要因
発達の方向↓	乳児期	やりとり遊び	他者との関係性・感覚運動	おとなへの関心・コミュニケーション
	↓	ものあそび（探索活動）	モノとその形態的特徴	自己決定のルール
	幼児前期	対象的行為としてのもの遊び	モノを使っての役割行為	モノに内在するルール
	↓	対象的行為中心の役割遊び	関心の高い役割の受容とその役割行為	役割に内在するルール
	幼児後期	役割関係中心の遊び	役割関係の展開	共同決定のルール
	↓			
	学童期	ルールのある遊び	競争・勝敗	あらかじめ決められたルール

「物」が重要な意味をもつ。幼児前期の子どもとおとなとの関係は，物を媒介とした関わりが多くなることから，生活だけでなく遊びの場面でも，おとなとの関係が大切となるのである。

　「生活」と「遊び」がまだ未分化なこの時期の特徴をふまえて，子どもが日常的に目にする環境という観点から遊びを見てみよう。生活で用いられる物は，より安全で，子どもに扱いやすい玩具として提供される物も多い。こうした道具の使用は，物の見たてなどと合わせて進んで行く。最初は行為をまねするだけであるが，次第に「私はお母さんよ」というように，役割を意識した「○○のふり」をする，いわば「人の見たて」をして遊ぶ姿も見られるようになる。

　こうして獲得される能力は，子どもが母親の姿をまねて，食べ物を調理して，それを赤ちゃんの人形に食べさせたりするなどの「お母さんごっこ」に代表される素朴な一人で行うごっこ遊びとして展開する。このような遊びは，対象的行為，すなわち「文化的に規定された物の扱い方」を獲得することによって成り立つものである。たとえば，コップやスプーンをその目的に応じて扱えるようになること，物をその目的に合った形で扱う力は，身の回りにある様々な物に触れながら，それらを扱う身体的技能の獲得を必要とする。

　こうした力は，身近にいる，大好きで信頼できる母親や保育者などをモデルに

153

するなど，彼らによる支えによって獲得される。子どもたちは，スプーンやコップ，歯ブラシ，洗濯ばさみなど，身近な道具をおもちゃにして，その機能や使い方を身につける。同時に，食事のときの一連の順序やルール，マナーなどにも気がつくようになり，その社会にふさわしい道具の使い方や行動様式などを自分のものにしていく。次第に，場面に応じた適切な行動がとれるようになり，遊びを通して物の使い方や社会的な行動規範が定着するのである。

また，生活の中で目にするものから関心が広がり，車や電車などを玩具として取り入れる遊びも多くみられるようになる。

写真12－3 「洗濯ばさみ人形」と「ひも通し」

写真12－4 テープを道路に見たてて電車を走らせる

幼児前期の子どもとおとなとの関係は，物を媒介とした関わりが多くなる。初期には，子どもの物の使い方は本来の使い方とはかけ離れていて，いわば「でたらめ」である。だが探索活動を通して物の性質を理解したり，多様な物に触れることで感覚や操作能力を高め，次第にそれらが協応的に働くようになっていく。「でたらめ」に扱われた物の操作は，おとなの助けを借りてはじめて「正しい使い方（本来の使い方）」を知り，その使い方を身につけていく。おとなをモデルとして，また，整えられた環境を通して，おとなが言葉をかけたり，手を添えたりすると，子ども自身も繰り返し試行し，失敗するなどしながら，自分で意識して手を動かし，それを扱う技能を身につけていく。こうして自分でできることが増えることによって達成感や自信を持ち，新たなことに挑戦しようとする意欲や，粘り強くやり通そうとする力を育て，次第に子どもは自由に環境に関われるようになっていく。

さらに，細かい運動的な機能や認知能力，物への認識を深めるなど，型はめやパズル，ひも通し，ボタンつなぎなどの玩具や絵本を使った遊びも多くみられる。こうして身につけた力で，ブロックなども楽しむようになる。

また，水や土の感触といった感覚を楽しむことや，全身を使う運動そのものを楽しむ，前述のごっこ遊びと全身の運動が一緒になった電車ごっこのような遊びも楽しむようになるため，こうした遊びについても工夫したい。

3 遊びと環境をつくる

　幼児前期の子どもの発達的特徴をふまえて，どのような遊びや環境構成が考えられるだろうか。子どもの姿から1，2歳児に適した遊びや玩具について見てみよう。子どもの興味や発達に応じて手作りの玩具なども活用されるが，どのようなものが適しているだろうか。

（1） 生活に必要な技能を遊びにした玩具

　生活に必要な技能がそのまま遊びとして展開するものとして，ままごと道具を使った遊びや，ボタンつなぎ，ひも通しなどがある。

写真12-5 「ボタンつなぎ」で遊ぶ子ども①

写真12-6 「ボタンつなぎ」で遊ぶ子ども②

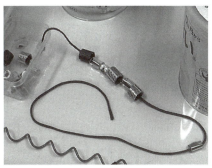
写真12-7 ひも通し

（2） 型はめやパズルなどの指先や認識を育む玩具，遊び

　手を使う，目と手を協応させる遊びなどが上手にできるようになると，手の延長である道具を使った遊びも盛んになる。子どもの発達に応じて，好むおもちゃも変わってくるので，手作りで対応するのも良い。ぜひ作ってみてほしい。

写真12-8 ボールを落とす「型落とし」

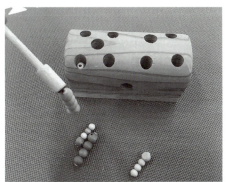
写真12-9 棒の先の磁石で穴から虫を捕まえる「ひっつき虫」

写真12—10　布性の棒で魚を釣る「魚釣り」

写真12—11　ブロックも組み立てられるように

(3) 見たてや行為を楽しむ，なりきって遊ぶ遊び

　見たてやごっこ遊び，何かになりきって遊ぶには，その雰囲気や場をつくることも大切である。いつものおもちゃを持ち込んで遊ぶほかに，子どもが自由に遊びの場を作るのも楽しい。どんな広さや環境が子どもの遊びを活性化させるか考えて試してみてほしい。

写真12—12　ダンボールで家や流し台を作って遊びの場を作る①

写真12—13　ダンボールで家や流し台を作って遊びの場を作る②

写真12—14　ペットボトルのふたで作ったおもちゃ。いろいろな物に見たてられる

（4） 音や動き，感覚を楽しむ遊び

　五感を使って音や動きを楽しむ遊び，音や感触が楽しい玩具を遊びに持ち込むことも多い。また，戸外での自然環境を生かした遊びや自然物を取り入れた遊びも経験させたい。

写真12—15　車の動きを楽しむ「クーゲルバーン」

写真12—16　プラスチック製のチェーンも音や感触が楽しい

写真12—17　水の感触は独特。子どもの大好きな遊び

写真12—18　どろんこの感触もおもしろい

（5） 全身を動かす遊び

　次第に全身の運動能力も安定してくるが，戸外での遊びはもちろん，マット，巧技台，牛乳パックの大型積み木，ダンボールのトンネルなどを使って，様々な動きのある遊びも十分に楽しみたい。

写真12—19　マットの上のふわふわした感じを楽しむ①

写真12—20　マットの上のふわふわした感じを楽しむ②

写真12—21　消防自動車と清掃車①

写真12—22　消防自動車と清掃車②

4　演習

演習1　この章の写真の遊びのほかに，1, 2歳児はどんな玩具や遊びを好んでするだろうか。1, 2歳児向けの玩具などを調べ，共通点を探してみよう。

演習2　グループで幼児前期の子どもに必要な遊びや玩具を考えたり，作ったりしてみよう。

演習3　どのような環境づくりや保育者の関わりが求められるかについても話し合ってみよう。

【参考文献】

エリコニン　駒林邦男訳『ソビエト・児童心理学』明治図書，1964

太田光洋『子どもの生活と遊びを創る保育の内容と方法』保育出版会，2016

厚生労働省『保育所保育指針解説』フレーベル館，2018

第13章

幼児後期の
子どもの遊びと生活

- 幼児後期の生活・遊び・活動について理解する。
- 遊びを通してどのような経験がなされるのかを多面的に捉える視点を持つ。
- 総合的な指導がなされるための，保育者の役割について考える。

1 幼児後期の発達の特徴

3歳から6歳にかけての子どもの発達の特徴として，①生活の自立と安定，②友だちとの関係の深まり，③言葉の発達，④想像力の発達などがあげられる。以下で，それぞれについて確認しておきたい。

1 生活の自立と安定

3歳頃になると，運動機能が発達し，手指の操作，基本的な動作，生活面では自分のことはほとんど自分でできるようになる。言葉も日常生活に支障のないところまで発達し，情動的にも落ち着いて，生活全般に安定感が感じられるようになる。それまで身近なおとなを自分に引き寄せながら様々な能力を身につけてきた子どもも，3歳頃を境におとなの世界に関心をもつようになり，そこに積極的に参加しようとするようになる。エリコニン*は，自主性の発現に基づく子どもとおとなとの関係の根本的な変化を，幼児前期から後期への移行を示す重要な指標として注目し，3歳というところに一つの節目を認めている。

このような子どもとおとなの関係の変化は，周囲の世界についての知識についてはもちろん，人の考えや気持ちについての理解，行動のコントロールなど，いろいろな面に変化をもたらす。

自分で服や靴，ぼうしなどを脱ぎ着したり，手を洗ったり，歯を磨いたりということができるようになり，生活が自立，安定すると，子どもは「してもらうのを待つ」必要がなくなる。3歳以降，このような生活に必要なことがほぼ自分でできるようになることで，子どもの自由度が広がり，見た目にも頼もしくなってくる。

2 友だちとの関係の深まり

3歳以降は，おとなとの関係，子ども同士の関係に大きな変化が見られる。人間の発達は，そのときどきに支配的な人間関係のあり様と密接に結びついているが，3歳以降，おとなとの関わりは目に見えて減り，遊びを仲立ちとした〈子ども同士〉の関係が深まっていく。

遊びが子どもたちの生活の中心を占めるようになると，おとなとの関わりは，しだいに潜在化するが，遊びの主たる関心はおとな世界や身近な世界への憧れや参加であることに変わりはない。遊びは，基本的には現実の生活場面でのおとなの世界の営み，特に道具を仲立ちとした役割関係を反映した子どもの主体的で自由な活動である。その意味で，子どもは常に現実生活とのつながりを持っており，そこでの豊かな体験や参加が遊びを豊かにし，遊びを通して育つ能力や人格特性

*ダニイル・エリコニン（1904〜1984）：旧ソビエト連邦の心理学者。児童心理の研究においてヴィゴツキーの指導を受け，幼児期における遊びの発達など独自の発達心理学理論を著書『遊びの心理学』で説いた。

の形成に寄与している。

　友だちと一緒に遊ぶことが楽しくなるこの時期には，子どもの発達にとって，仲間が大切な役割を果たすようになる。友だちのしている遊びに関心を寄せて近くで遊んだり，名前を積極的に呼びあったり，誘いあって遊ぶ姿も目立つようになる。遊びの形態としては，3歳以上になると「ひとり遊び」「平行遊び」に比べて「連合遊び」や「共同遊び」など，友だちと関わって遊ぶ時間が相対的に長くなっていく（図13−1）。

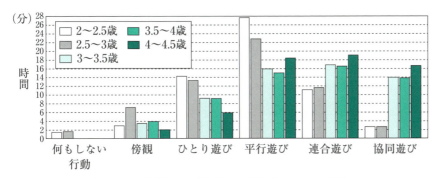

図13−1　社会的参加と年齢との関係（Parten，1932）

3 言葉の発達

　3歳頃には，言葉だけでおとなとのコミュニケーションをとることができるほどに言語能力が発達する。語彙や表現力の未熟さから，子ども同士ではまだ十分な意思疎通はできないが，おとなの仲立ちがあれば，子ども同士でも言葉を介して理解しあうことができるようになる。

　言葉の発達は個人差が大きいが，言葉が育つことによって，コミュニケーションだけでなく，言葉がもつ機能である話を理解したり，筋道立ててものを考えたりする思考力や行動調整力も発達する。また，言葉によって想像したり，イメージしたりする力も伸びる。

　さらに，文字を読んだり，書いたりすることも，次第にできるようになり，自分で絵本を読むなどのほか，言葉を使った遊びや表現力も豊かになっていく。

4 想像力の発達と遊び

　3歳以降，子どもの大きな変化として想像力や表象能力の発達に注目しておきたい。子どもは頭の中で，目の前にないものやことがらを想像したり，イメージすることができるようになる。このような想像力の発達は子どもの遊びに大きな変化をもたらすと同時に，遊ぶことを通してさらに豊かになっていく。想像力の

発達にともなって，子どもは，物語絵本を好むようになったり，何かの役になりきって遊んだりすることも多くなる。目の前にある玩具から始まる遊びだけでなく，イメージを持って道具や玩具を準備して遊ぶような遊び方も増えていく。

2 幼児後期の生活と遊び

1 幼児後期の生活と遊び

　幼児後期になると，3歳までに徐々に分化してきた「生活」と「遊び」は，さらに目的を持って取り組む「活動」や，皆のために継続的に取り組む「仕事」などが，「生活」や「遊び」とは異なる特徴を持った活動として分化していく（図13－2）。

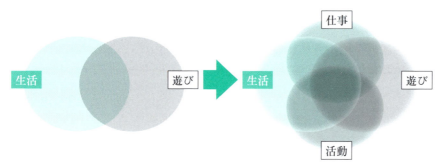

図13－2　「生活」「遊び」から「活動」「仕事」が分化していく

　「活動」や「仕事」も，強制的にさせるというのではなく，子どもたちにとって「遊び」と同様に，主体的に取り組みたい内容であり，必要感があることが大切であることはいうまでもない。子どもたちは，次第に目的を持って，友だちや先生と協力して取り組むなど，自分たちで過ごしやすい園生活そのものをつくっていくことができるようになる。言葉の育ちや遊びを通しての諸能力の育ちが主体性を支え，対話を通して，自分たちの生活や遊びを充実させる力へと結実していくようにしたいものである。

2 発達の主導的活動と幼児後期の遊び

　幼児後期の発達の主導的活動は，役割遊び（ごっこ遊び）であるが，幼児前期に保育者や仲間との関わりを通して身につけた，ものの使い方や順序，それを使う場面の約束事や人の役割など，ものの論理や社会的なルールについての理解を土台としている。こうして身につけられた能力は，3歳以降の遊びにも反映され，

13章　幼児後期の子どもの遊びと生活

「～になったつもり」という想像力旺盛なごっこ遊びが盛んになる。また，〈フライパンを使ってハンバーグを焼く〉というような，ものを扱う行為主体の遊びから，〈お母さんになる〉といった役割を意識した遊び，〈お母さんと料理〉のような「人とものの関係」，〈お母さんと赤ちゃん〉のような「人と人の関係」を反映した遊びへと発展していく。子どもの関心は「ものを扱う行為」から〈お母さんになりきる〉というような「役割を引き受ける」遊びを経て，しだいに社会的関係を反映した「役割関係を楽しむ遊び」へと移っていく。

　ごっこ遊びを通して子どもは実に様々な能力を開花させていく。それはなにより，ごっこ遊びが誰かに強制されて行われるものではなく，子ども自身の主体的な選択によって行われるものであることによると考えられる。たとえば，ごっこ遊び，特に，仲間と一緒にごっこ遊びをするには，自分の考えで行動するだけでは十分ではない。友だちの言い分にも耳を傾けなければならないし，我慢したり，役割にふさわしい行動をとるために自分の行動をコントロールしたりすることも求められる。生活場面ではなかなかできないこうしたことが，遊びの中では簡単にできてしまうことも少なくない。

　遊びは「～のために」という目標を持ったものではなく，遊ぶこと自体が目的の，自由で，やめようと思えばいつでもやめられる活動である。しかし，遊ぶことが楽しいため，子どもはあえてその中にとどまる。その結果として，遊びを通して子どもは多くの能力を身につける。ヴィゴツキーが，遊びの中で子どもは〈いまの自分〉よりも〈背伸び〉をしており，それが〈明日の自分〉を育てていく活動であると指摘している通りである。

3 幼児後期の遊び

　前述したごっこ遊びに限らず，幼児後期の遊びは実に多様である。遊びの中では，子どもたちの育ちつつある能力が発揮され，それを楽しむものであることが多い。そのようにみると，子どもたちの遊びは，その発達と軌を一にしているということができる。この時期の子どもたちの遊びは多様であるが，その一部についてみてみよう。

（1）ごっこ遊び

　ままごとをはじめ，何かになりきって遊ぶごっこ遊びは多様である。3歳以降のごっこ遊びは前章でみたように，役割行為の再現と役割関係を楽しむものであることが多い。役割関係を楽しむごっこ遊びでは，遊びのストーリーやイメージの共有が必要になるため，言葉によるやりとり，役割を支える小道具，場をつくることが多く見られる。

　こうした場づくりは，子どもたちのできるやり方で取り組むことができるよう

163

に環境を整えることが必要である（写真13-1～4）。子どもたちが自由に使えるものや出し入れしやすい，分かりやすい環境が求められる。

写真13-1　自分たちのできるやり方で環境をつくる

写真13-2　タンスや食器棚を描いてままごとの始まり

写真13-3　年長児はシートを張ってキャンプごっこ

写真13-4　年長児は屋根のシートもかけてキャンプごっこ

また，日常生活で身近で見たり経験したりしていることが，遊びの中に持ち込まれることも多い。おとながしていることなどをよく見て，それをできるだけリアルに遊びの中に取り入れようとする（写真13-5，6）。また，指編みやリリアンなど生活の中でおとながしていることや，おとなが使う道具を遊びに取り入れることができる環境があれば楽しいものである（写真13-7，8）。

写真13-5　洗濯したタオルを干してます

写真13-6　「1個100円，3個で1,000円」，こんな売り方してるよね？

13章　幼児後期の子どもの遊びと生活

写真13－7　リリアンを編む

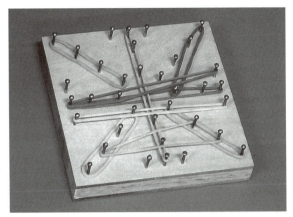
写真13－8　自分で釘を打って作る

（2）ブロック，パズル，製作遊び，折り紙など

　指先や認知の発達にともない，ブロックやパズル，廃材などを使った製作遊び，折り紙なども好んで行う子どもが多い。製作遊びでは，材料を選びやすく整理しておくことや，必要に応じて切っておくなどすると発想やつくるものにも広がりが出てくる。折り紙では自分で本を見ながら折れるようになる子もいるため，集中してじっくり取り組める環境づくりも大切である。

（3）なわとび，けん玉，コマ

　なわとびやけん玉，コマなどは全身をバランス良く使うことが求められる遊びだが，これらの遊びのように繰り返し取り組むことで次第に上達する遊びは，子どもに自信を持たせるものである。「がんばる」というよりは，「できるようになって一緒に遊びたい」といった気持ちを大切にしながら取り組ませたい遊びである。

（4）絵本，物語，劇遊び

　想像力の発達にともなって，物語を好むようになるのがこの時期の子どもの大きな特徴である。絵本には，様々な種類，ジャンルのものがあるが，保育者による読み聞かせを積み重ねながら絵本に親しみ，子どもが自分でも手にとって読んだり，図鑑などで関心のあることを見たり，調べたりして，本に触れる機会を多くしたいものである。

（5）なぞなぞ，言葉遊び，カルタ

　なぞなぞや言葉遊びも楽しめるようになる。4歳くらいになると，年長児が行っているカルタなどにも関心を持って参加したがることが多い。しかし，まだ文章を読むことが難しい子も多く，読み手になりたがるがうまく読めないため，遊びがつまらなくなるということがしばしばある。このような場合，4歳児にも使いやすいカルタを手作りでつくると，4歳児でも楽しく参加できる。写真13－

165

9は読み札を単語にして，絵札を2枚作った例である。これであれば，文字も読めるし，とれる札を2枚に増やすこともできる。また，2枚の絵カードを使って絵合わせとして遊ぶこともできる。子どもの遊びの様子から，教材を工夫することも大切な教材研究である。

(6) ルールのある遊び，ゲーム，運動遊び

子どもたちの成長にともない，鬼ごっこや勝敗のあるゲーム，様々な運動遊びも盛んになる。鬼ごっこなどは鬼に捕まった瞬間に役割交代が求められるため，鬼になるのがいやで（役割を受け入れることができない），泣いてしまう子もいる。（12章表12−2参照）子どもたちがこうした役割交代を受け入れたり，「勝ったり，負けたりしても楽しい」と受け止められるような成長を見きわめながら，たとえば最初は「みんなで先生をつかまえる」「先生がみんなをつかまえる」というように遊び方を工夫する必要がある。

(7) 砂遊び，水遊び，どろんこ遊び

砂や水，泥などを使った遊びも，感触を楽しむだけでなく，それらを使ってごっこ遊びをしたり，泥団子のように根気よく目的を持って取り組む遊びとして展開するようになっていく。遊び方も子どもなりに工夫していくので，遊ぶ道具の中に学びの芽になるものを織り込んでおくのも良いだろう。写真13−10では，子どもが水遊びをしながらシャボン玉液をつくっているが，目盛りのある計量カップを置いておくことで，自分で水量を量りながら，シャボン玉がきれいにできる割合をみつけている様子である。

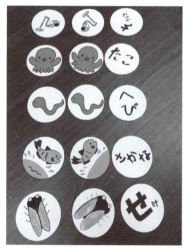

写真13−9　子どもに分かりやすいカルタを手作り

写真13−10　目盛りがついた計量カップで量って遊ぶ

3 遊びを通して育つ力

　この時期，運動能力，認知的能力，言葉の発達，自信など，様々な力が育つことで，子どもたちの遊びは多様で複雑になる。これらの遊びの中でさらに多様な能力が洗練されていく。

　幼児期後期の発達は，仲間との交流を中心とする「ごっこ遊び」に主導される。想像したり，見たてたり，関係を楽しむごっこ遊びを含む様々な遊びを通して，子どもたちは様々な体験をし，その結果として多様な能力を身につける（図13－3）。

遊びを通しての総合的な指導で経験する内容

| 興味あるものへ関心，意欲 | 知る喜び，学ぶ喜び | 経験を土台に考える | 効力感，達成感 | 試行錯誤 |
| 身体や感情のコントロール，健康の維持 | コミュニケーション，思いや考えの表現 | 友だちとの対人関係（異年齢を含む） | ルール | 自然とのふれあい | 想像力 |

学童期の学習に向けた前学力的能力

| 自発性，意欲 知的好奇心 | 一般的認識 科学的認識 | 話を聞こうとする態度 | プランする力 | 他者に対する肯定的認識 | 自信，自己肯定感 |
| 行動や感情の調整能力 場に応じた適切な行動 | 人と関わる力 協力する力 | 道徳性，規範意識 | 粘り強く物事に取り組む姿勢 | 柔軟性，ユーモアのセンス |

図13－3　遊び*を通して育つ力

　集団での遊びでは，自分の意思だけで遊びを進めることはできず，ひとり遊びでは経験しなかった互いの要求や関係を調整したり，イメージやルールを説明し，共有したり，さらに役割を分担し，その遊びの文脈と役割にふさわしい行動をとることなどが求められる。そのため，遊びがおもしろく，遊びへの意欲が高いほど，一緒に遊ぶ仲間に対しても，そして自分に対しても，要求が高くなる。この要求の高さ，言い換えれば子どもにとっての必要感の高さが，子どもを背伸びさせ，発達の最近接領域を積極的につくりだすのである。

　しばしば「自己中心的」と指摘されるように，幼児は自分を周りの状況に合わせて行動することが苦手であるが，こうした内発的な動機づけによって自ら進んで取り組む遊び経験を通じて，コミュニケーションや行動，感情など総合的に自分をコントロールする力を身につけていく。

　子どもは遊びが持っている自由感のある環境の中で，自ら遊びを選び，それに

＊遊び：強制された活動ではなく，子どもが興味や関心を持って，環境に主体的，自主的，自発的に関わり，活動を創造し，展開していくような働き全体。しかし，結果として子どもの様々な力を育てる

夢中になって得られる様々な体験を通して，周囲の世界について知り，現実世界とそこに関わる人についての理解や認識を深めている。同時に，様々な運動能力や巧緻性，自発性や能動性，自分が世界に働きかけることで世界を変えることができるという効力感や有能感，自分には何ができて何ができないのかという自分についての理解，おとなに対する憧れや尊敬なども遊びを通して育っていると考えられる。また，遊びのプランを立てる力，他者と関わる力，表現やコミュニケーション能力，粘り強く取り組む姿勢や，自分自身の感情や行動をコントロールする能力などの「前学力的能力」が育っていく。

「前学力的能力」とは，学童期の主導的活動である学習の土台となる力である。重要なことは，学力そのものを早期から身につける「先取り」という方法ではなく，幼児期の子どもの特徴である「自分からしたい」という自由が保証される「遊び」を通して，こうした力が獲得されることである。したがって，幼児期の遊びを通して育てられるこうした汎用的な力を「学力」と分けて「**前学力的能力**」と呼ぶことができる。

遊びの中では，図13−2の中段に示したような汎用的な能力が活用され，それらの力と合わせて，遊びを繰り返し経験することを通して，こうした力が安定し，下段に示したような学童期の系統的学習の準備状態（レディネス）として求められる「前学力的能力」が育つと考えられる。幼児期後期においては，役割遊びがこの時期の子どもの発達を引っ張る中心的な活動であり，発達の最近接領域をつくりだす活動である。幼児期後期の子どもにとって，「遊び（役割遊び）」には特別な意味があり，その「遊び」に幼児期の教育の方法的価値を見いだすことができる。

4 遊びの環境づくり

それでは，この時期の遊びの環境づくりではどのようなことに配慮することが必要だろうか。

幼児後期の子どもの特徴として，内面世界が拡大し，身につけた能力を使って，生活をつくり，遊びの世界を楽しむことがあげられる。遊びは体験をもとに展開するため，遊びの土台となる経験の豊かさが保証されることが必要である。その際，物語や絵本などの準体験も含めて考えることが必要である。

こうした体験をもとに再現される遊びの充実のためには，日常における経験の再現や模倣を支え，イメージを展開する道具立てや環境が求められる。また，遊びのストーリーや文脈づくりも遊びを活性化させる。

また，繰り返し遊ぶことで上達した技能を競う遊びやゲームなどを楽しむこと

もできる。遊びに必要な環境を自分たちでつくりながら，物や道具づくりも併せてできる環境が望ましい。

　遊びを通して「主体的，対話的で，深い学び」へとつなぐためには，保育者による以下のような環境づくりや援助が求められるのではないだろうか。

①主体的な学び：主体的，対話的で，深い学び

★まず，主体的に遊びが展開できること

・おもしろそうなものや遊びがある，目に入る

・遊びを見つけやすい（決まった場所に）

・参加しやすい（遊びスペースやコーナーの柔軟性）

・子どもにとって分かりやすい，使いやすい

・自分たちで環境をつくれる

・自然と協力や挑戦が生まれる

②対話的な学び：主体的，対話的で，深い学び

★適切な援助によって遊びが支えられる，楽しくなる，広がること

・子どもが興味を持っていることに気づく

・子どもとの対話を通して，いま必要な支えを提供する

　→見守る，アイデアを引き出す，アドバイスする，一緒に考えるなど

・また，興味や関心から，どのような展開可能性があるかを考える

　→これまで見たり聞いたりしたこと，経験したことをふまえて

・必要と思われる環境の再構成をする

③深い学び：主体的，対話的で，深い学び

★適切な援助によって遊びが広がる中で，試したり，子どもたちが共に考え，協力したりして遊びをより充実させていけること

・子ども間の対話を支え，他者とのやりとりを通して自分の考えを深めていけるように援助する

・子どもたちがしたいことを実現するための，素材や道具，情報などの環境をつくっていく

④遊びの空間づくり

・一人ひとりが自分の好きな遊びに夢中になれる，集中できる落ち着いた環境

・3歳児：ほかの友だちの遊びも見えるような環境で，関心を広げる

・4歳児：自分たちでやってみたい，作ってみたいといった環境づくりを

・5歳児：自分たちの生活をつくり，必要なものを自分たちで準備していける環境を。遊びに応じてメンバーも替わり，協力もできる
・異年齢の活動がみえる環境，空間づくり（園庭，ホール，保育室の使い方）
　→保育者同士の協働，協力が大切

⑤遊びの環境づくり
・生活しやすい環境，安心できる環境
・分かりやすい，遊びを見つけやすい環境（決まった場）
・新奇性，多様性，刺激やモデルのある環境（好奇心）
・応答性のある環境
・試せる環境
・自分たちでつくれる，準備できる（素材や道具の多様性）
・協力，挑戦できる環境
・参加しやすい環境（スペースの柔軟性）
・空間分け（動的―静的，広場，少人数―大人数，仕切り，平面と空間）
・一人ひとりが自分の好きな遊びに夢中になれる，集中できる環境
・落ち着いて取り組む環境―関わりが生まれる，友だちを意識する環境
・つくる楽しさ―つくったもので遊ぶ楽しさ

⑥遊びへの欲求を高める環境と保育者の関わり
・子どもの遊び，生活の充実が，子ども自身の必要感を高め，自分や友だちに対する要求を高くする。そのための環境，保育者の役割を大切に
・遊びの発展をどう支えるか，子どもの思いや発想を実現する環境づくり
・「対話」，すなわち，言葉による伝え合い，保育者と子どものやりとり，子ども同士のやりとり，クラス集団の中での育ち合いの充実。言葉を通して認識を定着させ，自分の行動をコントロールできるように
・子どもが自信を持ち，自ら見通しを持って行動するための，振り返りや共有
・保育者自身が子どもの成長に見通しや願いを持ち，職員集団として共有し，見直し，楽しんで保育すること

【演習課題】
1．いろいろな遊びを通して，子どもたちはどんなことを経験し，どんな力が育っているか出し合って，それぞれの遊びの特徴について考えてみよう。その上で，保育者はどんなことに配慮したら良いか考えてみよう。
　例：ままごと，氷鬼，けん玉，廃材製作など

2．本章で紹介されたような教材を自分たちで作ってみよう。
　例：写真13－9のコースターのカルタを自分たちで作ってみて，どんな遊びが
　　　できるか考えてみよう（図13－4）。

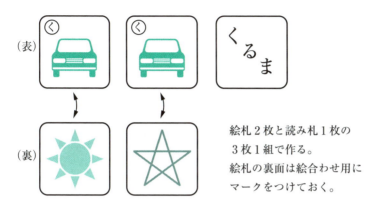

図13－4　コースターのカルタを自分たちで作ってみる

【参考文献】

エリコニン　駒林邦男訳『ソビエト・児童心理学』明治図書，1964

野呂正『発達心理学Ⅱ』放送大学教育振興会，1986

イラム・シラージ，デニス・キングストン，エドワード・メルウィッシュ，キャシー・シルヴァ　秋田喜代美・淀川裕美訳『「保育プロセスの質」評価スケール』明石書店，2016

ヴィゴツキー『児童心理学講義』明治図書，1976

Parten, M.B., 'Social participateon among pre-school children' Journal of Abnormal and Social Psychology, 27, 1932, pp.243-269

第14章

模擬保育

- ■演習を通して乳幼児期にふさわしい遊びや活動についての理解を深める。
- ■実習の特性をふまえ，遊びや活動について協力して検討する。
- ■模擬保育を通して保育の進め方について理解を深める。

本章では，保育内容の具体的展開を実践する最初の体験になる実習における活動の選択や展開について考えてみよう。

指導計画立案に際しては，各年齢の生活や発達の状況の理解が欠かせないが，実習生には多くの限界がある。一般的な発達の姿は，講義等で学んできているが，実際の保育場面での具体的な配慮や援助については，想像がつかない部分も多い。しかし，こうした保育の実際を学ぶことが実習の目的の中心である。実際には指導保育者のもとで，助言を受けながら計画し，実践を行うことになるが，本章では，一般的な年齢や発達を目安に保育実践を構想してみよう。

1 活動の選択と遊びのアイデアづくり

保育における活動は，ねらいをもとに適切な活動が選択されるが，その基本の一つは「子どもの興味や関心から遊びや活動を考える」ことである。

遊びや活動を構想する場合に最も大切なのは，子どもの興味や関心から考えることである。なぜなら子どもたちが興味や関心を持っている遊びや活動は，子どもたち自身が強く動機づけられ，主体的，能動的に取り組もうとするからである。

それでは，子どもたちはどんな遊びに興味を持っているだろうか？　実際には子どもたちの自由な遊びの中での姿や，子どもと関わる中でその興味や関心を理解することになる。また，子どもがどんなことができるのか（たとえば，はさみをどの程度使えるのかなど），これまで経験してきた内容（どんな素材を使ったことがあるか，どんな遊びや経験をしてきたかなど）も，子どもの興味と関係が深い。

さらに，子どもが経験したことがない内容であっても，最近の子どもの姿から「こんなことなら楽しめるのではないか」，「興味を持つのではないか」と考えられる活動もあるだろう。実習生自身が子どもの頃に遊んだ経験が手がかりになることもある。

【演習】

用意するもの：付せん，模造紙（またはＡ３コピー用紙など），マジック
① 　5～6人でグループを作り，司会者を決め，計画する学年を想定する。

司会者の決め方：司会者決めはアイスブレーク的な意味も込め，たとえば「今日以降で一番最初に誕生日が来る人」など，参加者同士が自然と話せる決め方をすると楽しい。

学年の決め方例：たとえば4歳児クラス。24名くらい，というように。

② 各自，5分程度で，子どもたちはどんな遊びに興味を持っているか，考えてみよう。

この時は相談しないで一人ひとりが考える。付せんなどを使って，1枚に一つのアイデアを書く。5分で考えられる範囲で良い。

③ 再び，グループになり，司会者が進行する。

司会者が自分の書いたアイデア（こんな遊びが好きなんじゃないか，こんなことに興味を持っているんじゃないか）をまず1枚Ａ3用紙に貼り出す。司会者のアイデアと似たアイデアを持つ学生がいたら，司会者の付せんの近くに自分の付せんを貼って，簡単に説明をする。

同様に，「司会者が順に自分の付せんを貼る→周りの学生が近いアイデアの付せんを貼る」を繰り返していく。

司会者の付せんがなくなったら，司会者からみて時計回りに，付せんが残っている人が，司会者と同様に付せんを貼って進行し，全員の付せんがなくなったら，出された遊びを確認する。

（この段階で，クラス全体でアイデアを共有しても良い）

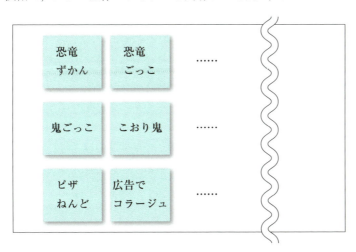

図14－1 アイデを書いた付せんを貼りだす

④ 皆で出し合った遊び（テーマ）から，これがおもしろそうと思えるものを一つ選ぶ。

例：「恐竜」が大好き，「ピザ」が大好き，鬼ごっこなどの集団遊びが好きなのではないかなど。

⑤ 遊び（テーマ）が決まったら，その遊びを模造紙などの中心に書く。さらに，その興味関心から，どんな遊びや経験に広げていくことができるか，グループで話し合いながらアイデア・マップを作る。

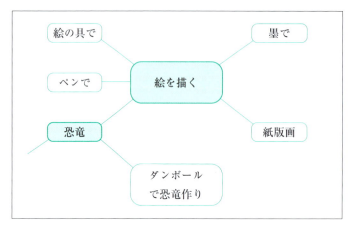

図14−2 アイデア・マップ

　例：「恐竜」というテーマを選んだら，恐竜に関連してどんな遊びや経験が可能か考えてみる。たとえば，「恐竜の絵を描く」，「ダンボールなどで恐竜を作る」，「恐竜の図鑑や絵本を見る」，「恐竜ごっこをする」，「恐竜の骨格を作る」……などいろいろなアイデアが出てくるだろう。さらに，「恐竜の絵を描く」という活動の中でも，どれくらいの大きさの絵を描くのか，何を使って描くのか，写し絵や塗り絵などもするのか，などなど，いろいろなアイデアが浮かんでくる。

⑥ 作成したアイデア・マップから，遊びや活動を選択し，どのような順序で経験を広げたり，環境をつくっていくかなどを時系列的に並べてみる。このとき，それぞれの活動において経験する内容についても相談する。

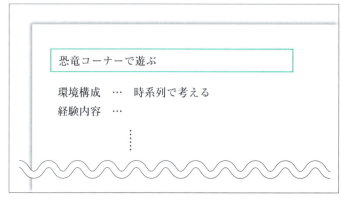

図14−3 活動の順序を時系列で並べてみる

出てきたアイデアから，どのような経験ができそうか，自由な遊びの中で行うもの，皆で行うもの，環境として準備するものなどが想定されるだろう。学生同士で意見を出し合いながら，どうしたら楽しく，充実した活動になるか考える。
⑦ 全体の流れをふまえ，責任実習で行う部分をどのように展開するか，遊びのポイントを押さえた，「遊びアイデア・カード」を作ってみる。

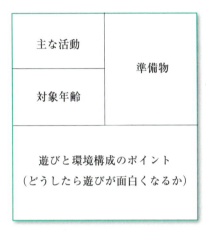

図14-4 遊びアイデア・カード

　指導計画を作る前に，遊びのポイントを整理した「アイデア・カード」を作っておくと良い。実習前に指導計画まで作ってしまうより，アイデア・カードをグループごとに作っておき，皆で共有しておくと，実習のときにはそれをもとに，クラスや年齢などの実態に合った指導計画に生かせるようにアレンジすることができる。
⑧ 遊びアイデア・カードをもとに，指導計画を作成し，模擬保育を行ってみる。
　模擬保育は，頭で考えていたことだけでなく，実際の言葉かけや準備などを行うことによって，自分の行動を対象化したり，他の学生の言動から学ぶことも多いので，ぜひ取り組んでみよう。
⑨ 実践した模擬保育をもとに，評価を行い，遊びアイデア・カードや指導計画を改善する。
　良いところを認め合ったり，うまくいかないことに気づくことができれば，それは，実習で生かすことができる。改善点が分かるように記録し，改善点を整理しておく。

2 活動の進め方

実習で「部分実習」や「責任実習」などというと，子どもたちが一斉に活動するイメージを抱きがちだが，必ずしもそうではない。

3歳以下のクラスでは，一斉に行う活動だけでなく，いつもの遊びコーナーに実習生が準備した新たなコーナーを加えて，その遊びに興味を持った子が入れ替わりで経験するというのも良い方法である。実際の保育でも，全員が一斉に活動するのではなく，興味を持った子から活動するという展開が多くなっている。

すぐに新しいものに取り組む子もいれば，自分の好きな遊びをしてからやってみようとする子，他の子が行っている様子を見てから取り組む子もおり，それぞれの子どもが「自分もやってみたい」と思ったときに入ることができる環境になるからである。もちろん，子どもの様子を見て，実習生から声をかけて誘ったり，見ているように促したりしてみるのも良いだろう。

3 各学年の具体的活動例

1 3歳未満児の活動

3歳未満児の実習での遊びや活動は，前述したように，必ずしも一斉で行うことを想定しなくても良い。操作的な遊びが好きな時期でもあるので，コーナーを作って設定するのも子どもの実態に合っている。所要時間は活動によっては10分程度と短いこともある。3歳以上のクラスで主活動にならない「絵本をみる」「手あそびをする」「エプロンシアターをみる」といった活動が中心になることも多い。子どもたちは，パペット（指人形）やペープサートを使うなど，関連するものを手に持って話すと集中して話を聞くことができるので，準備しておくと良い。

以下に活動例とポイントを簡潔にまとめておく。

① 絵本，紙芝居，エプロンシアター，パネルシアター

絵本の読み聞かせ，紙芝居では，絵本の内容や長さだけでなく，読み聞かせでのやりとりなども年齢によってその配慮や進め方は異なるものである。特に，3歳以下のクラスでは，絵本を読みながら子どもとやりとりをすることが多い。4歳以上のクラスでは，物語を楽しめるように，読み聞かせ途中で子どもとやりとりをすることは避けるのが望ましいが，3歳以下のクラスでは，絵本に出てくるものの名前を確かめたり，食べ物を一緒に食べるふりをしたり，「うんとこしょ

どっこいしょ」「がたんごとんがたんごとん」など，一緒に声に出して読んだり，その行為をまねしたりすることも多い。

② 運動遊び

全身を使っての遊びができるダンボールのトンネルくぐりやすべり台，マットなどを使って作った坂道などを組み合わせたサーキット遊び。外遊びと合わせて，室内遊具を使って遊ぶのも楽しい。

③ おもちゃづくり，保育者が作ったおもちゃで遊ぶ

遊びのコーナーに，子どもたちがおもちゃを作る，保育者が作ったおもちゃで遊ぶコーナーなどを設定する。実習での観察を通して見えてきた子どもの興味に応じておもちゃを作ったり，環境を構成していくのは楽しいものである。例としては次のようなものが挙げられる。

・ペットボトルや空き箱などを利用しておもちゃを作る。主に操作的，機能的な遊び音が出るおもちゃ，棒落とし，型落とし，型はめ，掃除機など（図14－5）。

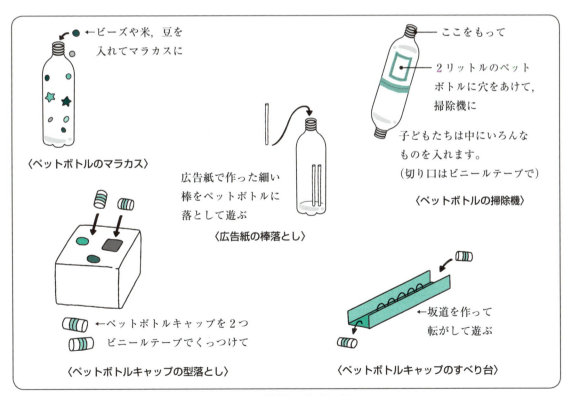

図14－5 操作的・機能的な遊び音が出るおもちゃ

・空き箱で電車や車を作り，線路や道路，車庫などを作って遊ぶ（図14－6）。
・ダンボールなどを使った乗り物や家，お風呂などを作る。子どもたちは車を押したり，中に入ったりして遊ぶ。新聞紙を入れてお風呂にも（図14－7）。
・小麦粉粘土などを作り，子どもたちと遊ぶ。
・新聞紙やトイレットペーパーの芯，ティッシュの空き箱などで好きなものを作って遊ぶ。
・スタンピング。固めのスポンジに輪ゴムをかけて花のようにしたり，木片や乳酸飲料の底に様々な形に切ったフェルトを貼ったりし，スタンプを作って遊ぶ。手や指で絵の具をつけるのも楽しい。季節によっては野菜などを使ってもよい。また，スタンピングを楽しんだものを使って，作品にしたり，おもちゃを作ったりするのも楽しい（図14－8）。

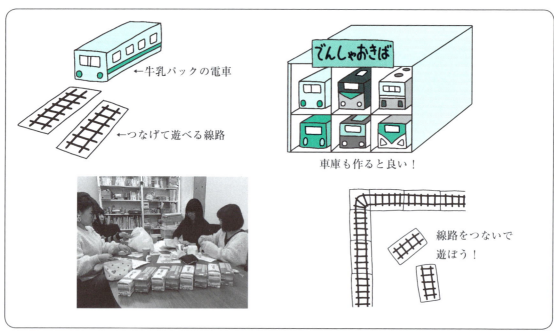

図14－6　牛乳パックの空き箱電車

14章　模擬保育

ダンボールに入って遊ぶ

押したり人形を入れたり

図14-7　ダンボールの乗り物

スポンジに

輪ゴムをかける

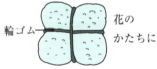
輪ゴム　花のかたちに
↑これでスタンプ！

フェルトをいろいろな形に切って
（薄いときは2枚重ねて）

木片などに貼ってスタンプに！

皿にガーゼやキッチンペーパーを敷いて，絵の具を溶かしてスタンプ台に

・混ざっても汚い色にならないように2・3色で
・スタンプする紙も色画用紙にしたり，服や傘，車などに切っておくと良い。

〈スタンプ用紙の例〉

図14-8　スポンジやフェルトのスタンプ

2 3歳以上児の活動

　3歳以上児の遊びでは，ごっこ遊びなど遊びにストーリー性を持たせると楽しい。ままごとなどでも，家の中だけを舞台にしたお母さんごっこではなく，近くに病院やお店屋さんがあったり，車やバスで出かけたりなど，別々の遊び同士がつながる接点を設けるなどすると楽しい。

　また，活動として行う場合も，1回で終わるのでなく継続して取り組むこともできる。たとえば，「ピザ屋さんごっこで，粘土で作って遊んでいたものから，小麦粉粘土で作って焼いたり，ピザの宅配ごっこをする」，「障子紙で折り染めをし，別の日にそれを使って製作をする」「忍者から手紙が来て修行を始め，数日修行をして，ストーリーのある忍者ごっこ（お城から何かをとってくる，など）をする」といった活動にも挑戦してほしい。

　写真14－1〜9は実習生が4歳児を対象に幼稚園で行った忍者ごっこの例である。一連のストーリーが，子どもたちのイメージをふくらませ，忍者の世界に入り込む姿を見て取ることができる。実習生による実践であっても，子どもの興味や関心と合致すると思わぬ盛り上がりを見せるものである。子どもの興味・関心に触れ，想像の世界を楽しむ遊びや活動を構想し，ぜひ，挑戦してほしい。

【資料：遊び，活動例】

・紙コップのけん玉（図14－9），くるくる凧（図14－10），飛ぶおもちゃ，的あてなど
・ゲーム（「アメリカンチェリーとさくらんぼ（図14－11）」「ケイドロ」「お誕生月仲間」など）
・わらべ歌遊び（「くまさんくまさん」「お茶を飲みに」「あわぶくたった」など）
・ごっこ遊び（「忍者ごっこ」「ピザ屋さんごっこ」「恐竜探検ごっこ」など）

14章 模擬保育

写真14−1〜9　忍者ごっこ

183

図14−9　紙コップのけん玉　　　　　図14−10　くるくる凧

【遊び方】
・2人一組で手をつなぐ。
・「アメリカンチェリー」の組と「さくらんぼ」の組に分かれる。
・1組（オニ）を残し，イスに座る。
・オニの1組の代表の子が「アメリカンチェリーとさくらんぼ，どっちにしようかな〜　どっちにしようかな〜　うーん」と節をつけて言った後，次の①〜③のいずれかの言葉を言う。
　① 「アメリカンチェリー」
　② 「さくらんぼ」
　③ 「うーん，まよっちゃう」
・①の場合はアメリカンチェリーの子たちが，
　②の場合はさくらんぼの子たちが，
　③の場合は全員が別のイスに移動する。
・座れなかった組が次のオニになって続ける。

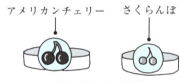

イスをランダムに置く。それぞれに2人組で座る
※フルーツバスケットに似ているが，常に2人で行動するので心強い。

図14−11　アメリカンチェリーとさくらんぼ

MEMO

Index

索引

── 数 字 ──

3つの視点　39, 52, 55, 142
5領域　37, 39, 40, 52, 55
6領域　32, 33
10の姿　37, 54, 65, 115, 145
12項目　32

── a b c ──

OECD　60
PDCA　48

── あ 行 ──

愛情　39, 40, 72, 138, 143
愛着　9, 138
アイデア・カード　177
アイデア・マップ　176
遊び　3～12, 20～22, 24, 32, 73～77,
　84～96, 104～108, 143～148, 151
　～158, 160～167
遊びのアイデアづくり　174～177
遊びの援助者　27～29
遊びの環境づくり　168～170
遊びの空間づくり　169
遊びの発達段階　153
遊びを中心とした生活　98, 103
遊びを通した総合的な学び　66

遊びを通して育つ力　95, 167, 168
遊びを通しての指導　36, 76, 84
アレルギー　140
安心感　18, 38
安定感　139, 144, 160
生きる力　34
依存しながら育つ2歳児　75
一斉保育・一斉活動　95
イヤイヤ期　150
ヴィゴツキー　3, 12, 160, 163
運動遊び　166, 179
衛生的で安全な環境　138～140
絵本　144, 145, 147, 165, 178
エリコニン　160
円滑な接続　59, 60, 62, 65, 66
援助　16, 23, 24, 28, 139, 169
園生活　16, 26, 27
応答的な関わり　39, 138, 143
鬼ごっこ　21, 166
恩物　85

── か 行 ──

絵画製作　32
外国籍の子ども　80
快の感覚　75
課業・学習　6～7
核家族化　16
型落とし　155, 179

価値観　9
学校安全計画　112, 113
『学校教育法』　91, 115
学校保健計画　112, 113
葛藤　16
活動空間　92
活動の理解者　27
家庭環境　24
家庭との連携　24, 51
カリキュラム・マネジメント　115,
　117, 119
環境　92
環境（の）構成　87, 95, 103
環境的　91
環境との関わり　35
環境の再構成　19, 169
環境を通して行う教育（・保育）　33,
　90, 91, 98
玩具　11, 140, 144～146, 153～158
感情のコントロール　167
感触遊び　76
感性　52, 54, 142
着替え　75
基本的生活習慣　9, 75
義務教育　58
虐待　94
教育　2

索 引

教育及び保育の内容並びに子育ての支援等に関する全体的な計画　63, 113, 114
教育課程　34, 65, 112〜117
教育課程に係る教育時間の終了後等に行う教育活動　113
教育課程の編成　64, 115
『教育基本法』　110, 115
教育原理　62
教育支援計画　79
教科　58, 60, 64, 66
共感　89, 138
共通理解　111
共同遊び　76, 161
協働遊び　76, 77
興味や関心に基づいた活動　18, 21
クーゲルバーン　157
倉橋惣三　11, 25, 26, 47, 50, 53, 84〜86, 91, 104
劇遊び　32, 165
健康な心と体　37, 39, 54
言語能力　161
言語の獲得　150
誤飲　140
好奇心　17, 18, 21, 150, 170
戸外での遊び　157
告示　34
個人差　24, 73, 74
個人内差　74
子育て支援　99
ごっこ遊び　3, 153, 154, 162, 163, 167, 182
個と集団　80
言葉遊び　165
言葉による伝え合い　37, 54, 170
子ども同士の交流　67, 68
子どもの共同作業者　28
子どもの最善の利益　80, 82
子どもの主体性　93
子どもの主体的な活動　22, 84, 103

子どもの育ち　55
子どもの発達過程　74
子どものモデル　28
子どもの理解者　27
子ども理解　27, 72, 73, 80〜82, 118, 120
個別の知識や技能の基礎　5
コミュニケーション　49, 106, 138, 161, 168
コミュニケーション不足　16
コメニウス　85

── さ 行 ──

在園時間　74
思考力の芽生え　37, 54
思考力，判断力，表現力等の基礎　36, 53
自己中心的　167
事故防止　51
資質・能力の3つの柱　5, 65
自主性の発現　160
自信　78, 95, 165, 170
自然　85, 104
自然の教育力　93
自然物・自然環境　148, 157
自然との関わり・生命尊重　37, 54
自然の教育力　93
実習　174〜184
質の高い幼児教育　4, 61
指導計画　112, 114, 117, 118, 174, 177
指導計画の作成　27, 64, 66, 103
指導のねらいと内容　118
児童福祉施設　42
『児童福祉法』　34, 138
自発性　91, 168
自発的（な）活動　19, 21, 64, 76, 84, 99
社会性　76

社会生活との関わり　37, 54
社会的参加　161
社会的発達　52, 143
社会的役割　110
社会の変化　34, 113
就学前の教育　91
『就学前の子どもに関する教育，保育等の総合的な提供の推進に関する法律』（認定こども園法）　34
就学前施設　42, 58, 60, 61, 67
充実感　54, 84, 106
集団生活　16, 27, 79
集団の育ち　78, 80
柔軟な対応　104, 110
自由遊び　11, 12, 95
主体性　73, 93, 150
主体的な活動　4, 26, 84, 98, 103
主体的な学び　169
小1プロブレム　34, 59
『小学校学習指導要領』　61, 64〜66
障がいのある子どもの保育　79, 81
小学校教育　36, 37, 60, 66
小学校との接続　62〜65
小学校への移行　58〜60
少子化　16
情緒的な絆　138
情緒の安定　38, 50, 139
情報化　16
食育計画　112, 114
職員間の交流　67, 68, 111
嘱託医　51
象徴機能　76
自立　18, 72, 75
自立心　37, 54
人格形成の基礎　27, 72, 95, 111
心情・意欲・態度　75
心身の健康　35
心身の発達　20, 22, 72, 99, 114
身体的（な）発達　52, 99
人的環境　143

187

信頼感　38, 39, 49, 73, 138, 143, 144

垂直的連続性　58

水平的連続性　58

数量や図形, 標識や文字などへの関心・感覚　37, 54

スキンシップ　75

スタートカリキュラム　65, 66

スタンピング　180

生活　3, 4, 8, 9

生活活動　6, 7

生活環境　16

生活習慣　26

生活の自立と安定　160

生活（の）リズム　100, 101, 140

生活の連続性　100

整合性　32, 40

精神間機能　10

精神内機能　10

製作遊び　165

生命の安全　8

生命の保持及び情緒の安定　38, 50, 51, 139

生理的生活　6, 7

生理的欲求　9, 50, 51, 101, 139, 143

善悪の区別（判断）　25, 28

前学力的能力　167, 168

全体的な計画　112～117

全体的な計画の作成　99

専門性の向上　94, 120

創意工夫　114, 115

総合的（な）指導　5, 20, 80, 98, 99, 108

想像力の発達　161, 165

育ちの土台　8, 9

存在感　94

存在空間　92

── た　行 ──

態度　35, 72, 73

対話的な学び　94, 169

達成感　92, 154, 167

「楽しい幼児の経験」　32

短期の指導計画　112, 117

探究心　104

地域（社会）との連携（連続性）　42, 58

地域の特性　118

知識及び技能の基礎　36

長期の指導計画　112, 117

直接（的）体験　20, 72, 100

通知　34

デイリープログラム　140～142

適切な環境　16, 17

到達目標　36, 37, 65, 115

道徳性・規範意識の芽生え　37, 54

特別な配慮を必要とする子ども　78～80

友だちとの関係の深まり　160

友だちとのトラブル　76

共働き家庭　38

── な　行 ──

なぞなぞ　165

日案　117

乳児　3, 38, 49, 52, 98, 138

乳幼児期に育てたい諸能力　7

乳幼児期にふさわしい生活　16, 17, 63, 113

乳幼児の生活活動　6

乳幼児の特性　3

人間関係　27, 72

忍者ごっこ　182

認知的能力　8, 95, 167

認定こども園　42

ネイチャーエワ　10

ねらい及び内容　35, 39, 40, 50～52

能動性　87, 168

望ましい経験　32, 33

── は　行 ──

ハヴィガースト　24

発達心理学　24, 61

発達段階　24, 52, 75～78

発達課題　24

発達過程　74, 142

発達の基礎　5, 20, 76, 84, 99

発達の系統性　7

発達の最近接領域　3, 12, 168

発達の主導的活動　3, 152, 162

発達の特性　25, 73, 98

発達や学びの連続性　62, 64

人見知り　138

非認知的能力　95

被包感　92

ひも通し　154, 155

評価と改善　115, 119, 120

表象機能　76

深い学び　169

物的環境　90

フレーベル　85

平行遊び　76, 77, 161

ペスタロッチ　93

保育課程　34

保育観　120

保育環境　39

保育記録　118, 119

保育教諭　74, 79

保育現場　47～49

保育士の援助　40, 50

保育者が意図を持って取り組む「活動」　12

保育者間の協力体制　94

保育者との信頼関係　7～9, 48, 75, 92

保育者の資質　94
保育者の自律性　111
保育者の役割　26〜29，90〜94，144
保育所の特性　32，38
保育所保育　37，38
『保育所保育指針』　7，22，24，25，
　　32〜34，37〜42，46，48，49，51，
　　55，63，84，92〜94，98，114，142
『保育所保育指針解説』　103
保育内容　2〜13，55
保育における活動　12，174
保育の記録　119
保育の計画　110〜118
保育原理　65
保育（の）実践　110，118
保育の質の向上　118〜120
保育のねらい及び内容　46，49
保育の方法　22，84，95
保育の目的　111
ホイジンガ　21，84
保健計画　112，114
保護者支援　13
保護者との連携　99，103
ボタンつなぎ　154，155
『ホモ・ルーデンス』　21
ボルノウ　92

── ま 行 ──

学びに向かう力，人間性等　5，36，53
学びの多様性　60，61
学びの連続性　58〜69
まね・模倣　48，150，153，179
見立て　76，143，151，153，156
モデル　153，154

── や 行 ──

役割遊び（ごっこ遊び）　3，153，154，
　　162〜164，167，182
山下俊郎　2
豊かな感性と表現　37，54
豊かな人間性　17
養護　9，38，49〜51
養護と教育　32，38，49，99，139
養護に関するねらい及び内容　50，51
幼児期の終わりまでに育ってほしい姿
　　37，52〜54，63〜66，115，116，
　　145
幼児期の教育　111
幼児教育　4，34，36，53
幼児教育を行う施設　146
「幼稚園及び特別支援学校幼稚部にお
　　ける指導要録の改善について（通知）
　　66

幼稚園教育　20，23，32，35，50
『幼稚園教育要領』　20，23，32〜35，
　　50〜52，54，63，76，84，92，93，
　　99，113，115
『幼稚園教育要領解説』　16〜18，20，
　　27，79，90，91，99，103
幼稚園生活　35，54
『幼稚園幼児指導要録』　67
幼保連携型認定こども園　13，42，112
『幼保連携型認定こども園教育・保育
　　要領』　33，41，50，62，63，114
『幼保連携型認定こども園教育・保育
　　要領解説』　78

── ら 行 ──

領域　55
領域「環境」　35，41
領域「健康」　35，41
領域「言葉」　35，41
領域「人間関係」　35，41
領域「表現」　35，41
ルールのある遊び　8，153，166
ルソー　93
労働・仕事　6

保育内容総論
〜生活・遊び・活動を通して育ちあう保育を創る〜

2019年4月1日　第一版第1刷発行

編著者　太田光洋
著　者　朝木　徹・野中千都
　　　　相浦雅子・垂見直樹
　　　　前田有秀・東　義也
　　　　清水桂子
発行者　宇野文博
発行所　株式会社 同文書院
　　　　〒112-0002
　　　　東京都文京区小石川5-24-3
　　　　TEL (03)3812-7777
　　　　FAX (03)3812-7792
　　　　振替 00100-4-1316
DTP・印刷・製本　株式会社 新後閑

ⓒ Mitsuhiro Oota et al., 2019
Printed in Japan　ISBN978-4-8103-1477-9
●乱丁・落丁本はお取り替えいたします
●無断転載不可